# 최소한의 선의

# 최소한의 선의

문유석 지음

문학동네

"미래는 언제나 예측 불허. 그리하여 생은 그 의미를 갖는다."
_『아르미안의 네 딸들』에서

  1997년 2월. 신임 법관 임명장을 받던 날, 부끄럽게도 나는 공직자로서의 사명감 대신 사회에 소속되지 않은 채 떠돌며 사는 삶에 대한 동경에 불타고 있었다. 그 무렵 읽은 무라카미 하루키의 『먼 북소리』가 태생적인 개인주의 성향에 불을 붙인 것이다. 그때까지 한 번도 대한민국 밖으로 나가보지 못했던 주제에 말이다.

  2020년 2월. 23년간의 법관 생활을 마무리하는 명예퇴임 식장에 앉아 나는 『여행 말고 한달살기』 구매 버튼을 누르고 있었다. 비싼 서울 물가를 감안하면 여기서의 생활비 정도로 충분히 '한 달 살기'를 할 수 있는 멋진 도시들이 아직 세상에 많다는 사실에 가슴이 뛰었다. 어느 로펌으로 가느냐는 질문에 '집으로' 간다고 답했고, 어떻게 살 거냐는 질문에 여행하고 글 쓰며 살겠다고 답했다. 사람들은 황당해했다.

그리고 일주일 후. 대구에서 신천지발 코로나 확진자가 발생했고, 세계는 극도로 위험해졌다. 나는 에어비앤비 예약을 취소하고 방구석에서 하루종일 유튜브로 믿어지지 않는 세상의 모습을 지켜보았다.

뭐랄까, 세상이 굶주린 내게 손바닥을 내밀며 '기다려!'라고 단호하게 말하는 것 같았다. 낯선 자들을 바이러스 취급하며 벽을 높게 세운 세계에서 '어디에도 소속되지 않은 떠돌이 삶'이란 자유가 아니라 공포일 뿐이었다. 요양원 직원들이 노인들을 버리고 도망가서 남겨진 노인들이 집단 사망하고, 전시戰時도 아닌데 병원 복도에서 치료도 받지 못한 채 환자들이 죽어가고, 동양인이라는 이유만으로 병원균 취급받으며 길거리에서 구타당하는 일들이 세계 곳곳에서 벌어졌다. 우리가 '문명'이라고 부르던 것들이 얼마나 허약하게 한순간에 무너질 수 있는지 놀라울 뿐이었다.

당연하게 누렸던 일상을 그리워할수록, 그걸 지탱해왔던 기둥들의 무게가 새삼 느껴졌다. 우리는 약속, 규칙, 양보, 거래, 상호이해, 자제, 존중의 힘으로 배낭을 메고 낯선 도시로 떠날 수 있었고, 한밤중에 길거리에서 떡볶이를 사 먹을 수 있었다.

그 힘이 제도화된 것이 법이다. 법이란 사람들 사이의 넘지 말아야 할 '최소한의 선線'인 동시에, 사람들이 서로에게 베풀어야 할 '최소한의 선善'이기도 하다. 이것이 문명 세계를 떠받들어온 기둥이다. 단순히 위반하면 안 되는 규칙이나 강제라는 의미로서가 아니다. 오랜 역사를 통해 인류가 발전시켜온 공통의 가치, '인간의 존엄성, 자유, 평등'을 보장하기 위한 수단이라는 의미에서 법은 문명 세계의 기둥이다. 그 기둥이 세계 도처에서 무너지는 듯한 공포를 느끼던 2020년 봄의 어느 날, 나는 법에 대해 뭐라도 써야겠다는 생각을 하게 되었다. 심한 난기류로 흔들리는 비행기에 앉아 있다가 구명조끼 입는 법이 적힌 책자를 슬그머니 꺼내어 보게 되는 승객 같은 심정이었는지도 모르겠다.

이렇게 사뭇 비장한 마음으로 시작하기는 했지만, 뭔가에 대하여 책을 쓰겠다고 결심하고 나면 곧 현실을 깨닫게 된다. 내가 쓰겠다는 그 뭔가가 얼마나 인기 없는 주제인지 돌아보게 되는 것이다.

다음은 책의 제목으로 생각해봤던 후보들의 긴 리스트다.

나를 지키는 법

이 험한 세상에서 나를 지키는 법

법블레스유

법은 도대체 왜?

공정하기라도 했으면

공정함이란 무엇일까

각자도생 사회에서 살아남기

생존을 위한 공존


…심지어 '알쓸신법'도 생각해봤고, 드라마 〈슬기로운 감빵생활〉에서 교도소 구내 음악으로 늘 나오던 노래에 영감을 받은 '법은 어렵지 않아요'도 있었으며, 이왕 이리 된 거 갈 데까지 가보자는 맘으로 '멈추면 비로소 보이는 법을 공부할 용기를 낼 권리의 온도'도 잠시 생각해보았다.

이 제목 후보들에서 거꾸로 읽을 수 있는 건 무엇일까?

먼저 법은 어렵게 느껴진다. 관공서에서 〈○는 어렵지 않아요〉 같은 노래를 틀어준다는 것은 그것이 어렵다는 증거다. 서점에 갔을 때 제목에 '법'자가 들어 있는데도 선뜻 손길이 가는 책이란 '3일 만에 부자 되는 법' 정도일 것이다.

또, 법은 내 인생에 크게 도움될 것 같지가 않다. 요즘 시대에 누가 내 인생, 내 이익과 직접 상관없는 책에 관심을 기울일까? 그래서인지 서점에 나가보면 '나'에 집중된 책 제목들이

눈에 많이 띈다. '나는 ○○하기로 했다' '나를 위한 ○○' '○○
할 권리' '○○할 용기' 등등.

법에 대한 이런 인식을 피할 수 있는 제목을 궁리해보아도
신통치가 않았다. 스스로 겁을 집어먹고 미리 변명하는 것만
같다. 해치지 않아요~ 도망가지 말아요~

그나마 법과 관련한 주제 중에서 사람들이 관심을 보일 만
한 건 '공정함'밖에 없지 않을까? 공정하기만 하다면 독약이라
도 기꺼이 들이켤 듯한 분위기가 이 사회에 형성되어 있는 듯
하다. 영화 〈어벤져스〉의 최종 빌런 타노스에 사람들이 열광
한 이유가 이것이다. 타노스는 허구의 세계에 등장한 그 수많
은 빌런들의 계보에서 가장 스케일 큰 범죄를 저지른 자다. 핑
거스냅 한 방으로 무려 우주 생명체의 절반을 소멸시켰다. 다
만 그는 공정했다. 재산, 성별, 인종, 장애 유무, 성적 취향 등
에 상관없이 랜덤하게 절반에게 사형을 집행했다.

물론 그럴 만한 이유가 있다. 저성장 시대, 그것도 미래에
크게 기조가 바뀔 것 같지 않은 구조적 저성장 시대에는 함
께 나눌 파이가 앞으로 더 커질 것이라는 낙관적 기대가 없다.
그저 지금 가진 자그마한 조각이라도 누가 빼앗아가지 않게
발톱을 세우고 으르렁거릴 수밖에 없다. 입시, 취업, 결혼, 육
아…… 삶의 모든 영역에 있어서 누군가 내 앞으로 새치기를
하지 않나 신경을 곤두세운 상태다.

헌법이 추구하는 가치 중에서 '평등'에만 관심이 집중된 상황이라고 번역할 수 있을 텐데, 문제는 평등 중에서도 '형식적 평등' '기계적 평등'만을 기준으로 공정함을 따지는 분위기가 사회 일각에 존재한다는 점이다. '공정함'의 의미를 탐구하려면 헌법의 가치 체계를 전체적으로 바라볼 필요가 있다. '실질적 평등' '사회권적 기본권' 그리고 평등을 포함한 모든 가치들의 존재 이유인 '인간의 존엄성'을 함께 생각하지 않는다면 무엇이 공정함인지, 또 무엇을 위한 공정함인지 놓칠 수 있다.

결국 헌법이 추구하는 근본 가치들인 인간의 존엄성, 자유, 평등, 그리고 이를 구체화하는 개별적인 권리들을 우리 삶과 연결시켜 차근차근 이야기하기로 결심하고 '최소한의 선의'라는 제목을 붙였다. 법은 최소한의 도덕이라는 말이 있다. 독일의 법학자 게오르크 옐리네크의 말이다. 법은 도덕을 기초로 형성된 것이지만 도덕과 달리 강제력을 가지기에 법의 규율은 '필요한 최소한'에 그쳐야 한다는 점을 강조한 말이다. 하지만 나는 '도덕'보다는 '선의'라는 말이 좋다. 이렇게나 서로 다른 인간들이 모여서 함께 살아가기 위해 이것만큼은 꼭 지키자고 약속한 최소한의 선의, 그것이 법 아닐까. '법'이나 '도덕'은 차갑고 멀게 느껴지지만 '선의'는 따스하고 가깝게 느껴진다. 이렇게 제목을 정하고 나자 비로소 인기 없는 주제인 '법'에 대한 책이지만 한번 써볼 만하겠다는 용기가 생겼다.

　그래, 눈길을 끌려고 요란하게 장식하거나 마라 맛으로 포
장하기보다 이게 옳지, 하면서도 '멈추면 비로소 보이는 법을
공부할 용기를 낼 권리의 온도'에 대한 미련을 살짝궁 가져보
는 것이 또 인간……

　이 책의 성격에 대해 미리 말해두고자 한다. 이 책은 수필
이지 설명문이 아니다. 이 책은 '헌법의 근본 가치들'에 대한
나의 생각을 자유롭게 적은 책이다. 학설과 판례를 정리한 교
과서가 아니다. 생활법률 상식에 대해 알기 쉽게 설명하고자
하는 실용서도 아니다. 그동안 써왔던 나의 모든 책들처럼 이
책에도 나의 모든 편향과 주관이 듬뿍 담겨 있을 것이다. 헌법
에 관한 체계적이고 객관적인 공부가 필요한 분은 서점의 법
률 서적 코너에 가시면 훌륭한 헌법학자분들이 쓰신 헌법 교
과서를 찾을 수 있다. 보통 1500페이지가 넘어가는 벽돌책들
이니 찾기도 쉬울 게다. 나는 설명문을 잘 쓰는 체질이 못 된
다. 설명을 못해서가 아니라(뭘들 못하겠니) 설명하는 동안에도
끊임없이 내 주관적인 해석과 의문 제기, 실없는 농담과 엉뚱
한 상상이 끼어들기 때문이다. 좋게 말하면 이야기꾼 기질인
지도 모르겠지만 나쁘게 보면 사기꾼 기질인지도 모른다. 그
러니 이 책에 나오는 내용을 달달 외워서 시험 답안지에 적었

다가 경을 치는 일은 부디 없으시길 바란다. 내가 바라는 것은 이 책을 통해 박물관 속에 박제된 듯 느껴지는 '자유' '평등' '존엄성' 같은 헌법적 가치가 의외로 꼬리에 꼬리를 무는 궁금증을 낳기도 하고 SF적인 상상력을 자극하기도 하는 재미있는 키워드들이라는 점을 독자들에게 맛보여드리는 일이다. 『쾌락독서』를 통해 독서가 의외로 재미있는 놀이임을 '영업'했듯이 이번에는 무려 헌법을 영업하고자 하는 것이다.

영업한다고 헌법재판소에서 커미션을 받는 것도 아닌데 나는 왜 굳이 이 책을 쓰고 싶었던 것일까. 그 이유를 책을 쓰는 동안에 비로소 깨달았다. 나는 법 자체보다 그 바탕에 있는 '사고방식'에 대해 말하고 싶었다. 내가 2015년에 『개인주의자 선언』을 쓰면서 내내 이야기했던 '합리적 개인주의자들의 사회'의 사고방식이다. 제각기 다른 개인들의 개별성과 자유를 존중하고, 다른 입장의 사람들과 합리적으로 타협할 줄 알며, 개인의 힘만으로는 바꿀 수 없는 문제를 해결하기 위해 타인들과 연대하는 사회. 개인주의, 합리주의, 사회의식이 균형을 이룬 사회. 이것이 헌법이 지향하는 사회이고, 이런 사회를 지탱하는 사고방식이 법치주의다.

『개인주의자 선언』에서 한국 특유의 집단주의 문화에 짓눌린 개인들에 대해 이야기했다면, 이번에는 그런 개인들이 자유롭게 공존할 수 있는 사회가 되려면 어떤 가치들이 존중되어야 하는지를 법이라는 틀을 통해 이야기하고자 한다. 안타깝지만, 6년이라는 시간이 지났어도 『개인주의자 선언』에서 토로했던 갑갑증은 쉽사리 해소되지 않는 것 같다. 오히려 세계적으로 전체주의, 극단주의, 반지성주의의 물결이 거세어지는 흐름까지 느껴져 암담할 때도 있다. 그럴수록 기본으로 돌아가야 한다는 마음으로 쓴다. 서로 다른 사람들이 평화롭게 공존하는 사회를 위해 꼭 필요한 건강한 사고방식, '법치주의'라는 사고방식에 대해.

2021년 12월

문유석

1부

# 인간은
# 존엄하긴
# 한가

---

대체로 무엇이 엄청나게
중요하게 강조된다는 것은
그것이 엄청나게 위협받고
무시당해왔다는 반증일 때가 많다.

# 왜
# 헌법인가

왜 수많은 법 중에서도 헌법인가?

지금 중요한 것은 개별적이고 구체적인 법제도에 대한 지식보다는 사회를 지탱하는 가장 근본적인 가치에 대한 생각을 나누는 일이기 때문이다. 이 분열된 사회에서 그것만이 그나마 최소한의 공유된 약속이기 때문이다. 보수, 진보, 여혐, 남혐, 극우, 좌빨, 적폐청산, 홍위병, 하나님의 뜻, 성경 말씀…… 각자의 프레임으로만 주장하면 같은 자리를 맴돌 때가 많다. 화투 한 판을 치더라도 룰 미팅을 먼저 확실하게 해야 하는 법이다. 전국구 타짜인 경상도 짝귀와 전라도 아귀가 손모가지 걸고 배틀을 붙는데 각자 자기 동네 룰로 승부를 내자고 우긴다고 치자. 구경꾼들은 결론 없는 말싸움에 지쳐 집으로 돌아갈 것이다.

정의, 역사, 진실, 섭리…… 크고 아름다운 말일수록 백만 가지 다른 뜻으로 쓰이기 마련이다. 사람들의 가치관은 다양하고 쉽게 변하지 않는다. 뇌과학자들은 심지어 보수 성향과 진보 성향은 뇌 구조 자체의 차이에서 비롯된다는 연구 결과까지 내놓고 있다. 미국, 유럽, 어디든 성숙한 민주주의 사회의 의견은 분열되어 있다. 거칠게 말하자면 5대5, 또는 1대4대4대1 정도로(의견이 통일된 국가는 대체로 침략이나 학살에나 장점을 보인다). 애초에 다른 존재들끼리 한집에 살기 위해 최소한의 타협을 하고 살아가는 것이 사회다. 그래서 서로의 존재 자체를 싸움의 대상으로 삼을 것이 아니라 약속 위반을 따지는 게 낫다. 그 모두의 약속이 헌법이다.

이를 가장 잘 보여주는 나라가 미국이다. 우리보다 훨씬 복잡하고도 심각하게 분열된 사회인 미국에서 사회적 갈등이 발생할 때 논쟁의 기준이 되는 것은 항상 연방헌법이다. 영화나 미드에서 '수정헌법 제1조'를 외치는 대사를 참 많이 보지 않나? 법정에 선 변호사 역의 톰 행크스만 외치는 것이 아니다. 걸인 차림으로 길바닥에 선 모건 프리먼도 외치고, 싸구려 포르노 잡지 발행인 역을 맡은 우디 해럴슨도 외친다. 그만큼 이 조항이 중요하기 때문이다. 수정헌법 제1조(표현의 자유)는 미국 민주주의를 지탱하는 근간이다. 해마다 끔찍한 총격 사건이 이어지는데도 총기 소유를 금지하지 못하는 이유도 수정헌법 제2조가 무기 휴대의 권리를 보장하기 때문이다.

　미국 연수 시절, 지금은 정치인이 된 엘리자베스 워런 교수의 파산법 강의를 듣다가 깊은 인상을 받았던 순간이 있다. 파산면책제도 정당성의 근거로 수정헌법 제13조를 강조하는 것 아닌가. 수정헌법 제13조는 노예제 폐지에 관한 조항이다. 인간을 평생 감당할 수 없는 빚의 굴레 속에 살게 하는 것은 헌법이 금지한 노예로 만드는 일이라는 논리다. 언제 폭동과 내전이 일어나도 이상할 게 없을 만큼 심각한 분열 상태인 미국에서 헌법만이 모두가 인정하는 고스톱 룰이다. 전쟁중에도 지키는 제네바협약인 셈이다. 이에 비해 우리나라는? 온갖 사회적 갈등과 논란이 쉴새없이 벌어지지만 자기 주장을 뒷받침하기 위해 헌법을 들먹이는 사람은 찾기 힘들다. 큰 관심도 없는 것 같다. 그저 각자의 프레임을 들고 와서 상대를 악마화하기에 바쁘다. 이래서는 제자리를 맴돌 뿐이지 않을까.

　헌법은 사회 구성원들이 공유하는 약속일 뿐 아니라, 오래된 약속이라는 점이 특별하다. 오래된 이유는? 고치기 어렵기 때문이다. 법률은 보다 쉽게 제정하고 개정할 수 있다. 재적 의원 과반수 출석과 출석 의원 과반수 찬성으로 의결된다. 선거에 의해 다수당이 변화하면, 또는 정당끼리 특정 사안에 대해 정책 연대를 하는 데 성공하면 법은 바뀐다. 며칠 네티즌 여론이 들끓으면 발 빠른 의원 누군가가 급히 개정안을 발의하고 페이스북에 자랑글을 올리기도 한다.

하지만 헌법은 쉽게 바꾸기 어렵다. 국회의원 과반수의 발의 또는 대통령의 발의가 있어야 개정안이 제안되고, 단순 과반수가 아닌 국회의원 3분의 2 이상의 동의가 있어야 개정안이 의결되며, 이를 다시 국민투표에 부쳐 선거권자 과반수의 투표와 투표자 과반수의 찬성을 얻어야 헌법 개정이 확정된다. 이렇게 헌법 개정 절차가 법률보다 어렵게 되어 있는 헌법을 경성헌법rigid constitution이라고 한다.

왜 이렇게 까다롭게 해놓았을까? 사람들이란 변덕스럽기 때문이다. 다이어트 결심할 때를 생각해보면 쉽다. 다이어트 시작하는데 나중에 맘 바뀌어 아이스크림 퍼먹을지 모르니 그거 뜯어말릴 꼴통같이 고집 센 인공지능 냉장고가 필요한 것이다. "주인님! 전에 '내가 아무리 졸라도 밤 10시 이후에는 냉장고 못 열게 하라'고 지시하셨습니다! 꼭 열어야 하신다면 사모님과 합의하셔서 지시사항을 개정하십쇼!"(…헌법 개정보다 어려울 거다.)

이렇게 까다로워야 소수자가 보호받는다. 애들끼리 놀 때도 목소리 큰 애가 변덕스럽게 자꾸 규칙을 바꾸기 마련이다. 다수자의 편의를 내세워 소수자의 생존을 짓밟는 법을 입법할 때, 가장 강력한 반대 논리는 그건 헌법에 위반되니 정 바꾸고 싶으면 헌법부터 바꾸라는 주장이다.

심지어 저 까다로운 헌법 개정 절차를 다 밟는 데 성공해도 바꿀 수 없는 '헌법 개정의 한계'도 있다. 대한민국 헌법 제정 당시의 국민적 합의사항, 즉 민주공화국이라는 정체성을 구성하는 자유민주주의적 기본질서를 부정하는 개정은 불가능하다. 조선왕조 코스튬의 팬이어서 군주국 부활을 꿈꾸는 덕후라면 아무리 많은 동호인들을 모아봤자 헌법 개정으로는 불가능하니 혁명을 꿈꾸어야 할 것이다.

왜 헌법인가?

내 권리를 보장한 계약서이기 때문이다. 재판에서 이기는 당사자는 소리를 버럭버럭 지르거나 다짜고짜 우는 사람이 아니다. 빼도 박도 못할 계약서 조항을 들이미는 사람이 제일 강하다. 권리를 가진 자는 그걸 당당하게 주장하면 된다. 은혜를 베풀 것을 호소할 필요도 없고 힘으로 윽박지를 필요도 없다.

그동안 사람들이 헌법에 큰 관심을 갖지 않았던 데는 이유가 있다. 법이란 그게 뭐든 학생들이 따라야 하는 교칙처럼 저 위의 누군가가 자신을 규율하는 갑갑한 구속으로만 생각했기 때문이다. 한번 검색창에 '헌법'을 친 후 읽어보시라. 앞부분에는 국민의 자유와 권리를 한참 나열한 후에 혹시라도 빠뜨렸을까봐 이 밖에도 "헌법에 열거되지 아니한 이유로 경시되지 아니한다"고 마무리한다. 뒷부분에는 국민이 시키는 일을 맡아 할 이들을 어떻게 고용하고 이들과의 계약기간은 몇 년이며, 이들이 지켜야 할 의무는 무엇무엇이고 엉터리일 때는 어떻게 해고하고 등등이 시시콜콜 적혀 있다. 집주인과의 임대차계약서, 업주와의 '알바'계약서, 대기업과의 납품계약서를 써본 분들은 바로 아실 것이다. 헌법이라는 계약서의 갑<sub>甲</sub>은, 국민이다.

몇 년 전, 제헌절 날 신문 칼럼으로 쓴 글이 하나 있다. 제목은 '가장 가슴 뛰는 글'이다.

> 한 글자 한 글자가 모두 피로 쓰인 글이 있다. 한 문장을 읽을 때마다 숱한 희생을 떠올릴 수밖에 없는 글이 있다. 한 글자 한 글자에 역사의 무게가 실려 있는 글이 있다. 그것도 우리의 역사뿐 아니라 인류 전체 역사의 무게가 말이다.
> 불신과 증오만 남은 듯 보이는 이 분열된 사회에도 고향이 어디든, 나이가 많든 적든, 재산이 많든 적든, 진보든 보수든 상관없이 함께 서명했던 약속이 있다. 이 약속만 잘 지켜나가면 무슨 먼 나라의 거창한 이념을 들먹일 필요도 없다. 일 년에 단 하루만이라도 모두가 자녀와 함께 소리 내어 읽어보았으면 하는 가슴 뛰는 글이다.

대한민국은 민주공화국이다. 대한민국의 주권은 국민에게 있고, 모든 권력은 국민으로부터 나온다. 모든 국민은 인간으로서의 존엄과 가치를 가지며, 행복을 추구할 권리를 가진다. 국가는 개인이 가지는 불가침의 기본적 인권을 확인하고 이를 보장할 의무를 진다. 모든 국민은 법 앞에 평등하다. 누구든지 성별·종교 또는 사회적 신분에 의하여 정치적·경제적·사회적·문화적 생활의 모든 영역에 있어서 차별을 받지 아니한다. 모든 국민은 양심의 자유를 가진다. 모든 국민은 언론·출판의 자유와 집회·결사의 자유를 가진다. 근로자는 근로 조건의 향상을 위하여 자주적인 단결권·단체교섭권 및 단체행동권을 가진다. 모든 국민은 인간다운 생활을 할 권리를 가진다. 국가는 사회보장·사회복지의 증진에 노력할 의무를 진다. 신체장애자 및 질병·노령 기타의 사유로 생활 능력이 없는 국민은 법률이 정하는 바에 의하여 국가의 보호를 받는다. 국가는 재해를 예방하고 그 위험으로부터 국민을 보호하기 위하여 노력하여야 한다. 모든 국민은 건강하고 쾌적한 환경에서 생활할 권리를 가지며, 국가와 국민은 환경보전을 위하여 노력하여야 한다. 혼인과 가족생활은 개인의 존엄과 양성의 평등을 기초로 성립되고 유지되어야 하며, 국가는 이를 보장한다. 국민의 자유와 권리는 헌법에 열거되지 아니한 이유로 경시되지 아니한다. (대한민국 헌법 제1~2장에서)

나는 '가슴 뛰는 글'이라고 적었다. 평소 그리 열정이 넘치는 타입도 아니고 부정맥도 없는 내가 이렇게 느끼는 이유는 저 조항 하나하나가 만들어지기까지의 역사를 알기 때문이다. 우리가 역사 시간에 공부했던, 중세의 암흑 시대를 르네상스가 깨우고 인본주의의 싹이 트고 영국에서, 프랑스에서 민주주의의 서막을 올리는 혁명들이 이어지고, 파시즘과 세계대전의 비극을 겪으며 인간의 존엄성을 다시금 되새기고…… 이천 몇백 년의 역사가 집약된 것이 지금 대부분 국가들의 헌법에 비슷비슷하게 규정되어 있다.

법은 결국 한 시대에 함께 살아가는 사람들이 공유하는 오래된 생각이다. 법은 오래전 사람들이 공유했던 생각을 토대로 만들어졌고, 지금 우리가 공유하는 생각에 따라 달라진다. 우리가 어떤 생각을 서로 공유하느냐에 따라 미래는 바뀔 수 있는 것이다.

이제부터 그 오래된 생각에 대해 써보려고 한다.

# 법도
## 위아래가 있다

'사이다' '팩폭'으로 인기 있는 일부 유튜버들의 방송을
보다보면 이런 식의 논리가 끝도 없이 튀어나온다.

- 노조가 떼쓰고 파업을 해서 해마다 임금이 올라간다.
이거 계약자유의 원칙을 침해하는 거다. 노동도 상품인
데 수요 공급에 따라 시장이 결정해야지 이게 뭐냐, 대한
민국 자유민주주의 국가 맞냐?
- 자꾸 이상한 법을 만들어서 남의 집에 세 들어 사는 놈
들이 외려 힘들게 노력해서 재산 형성한 집주인한테 '을
질'하도록 만드는 거, 이거 신성한 소유권을 침해하는 거

다. 이 나라 공산주의냐?

– 적법하게 재개발사업 승인받아서 나가라는데 안 나가고 농성하고 버티는 놈들, 불도저로 밀어버려야 법치주의 국가다. 이 나라는 '떼법'이 우선이다.

이런 사람들일수록 자꾸 '법' '법질서' '자유민주주의'를 들먹이곤 하는데, 자유민주적 기본질서를 근간으로 하는 대한민국 헌법 및 이를 구체화하는 법률들을 공부하고 적용하며 살아온 사람 중 한 명으로서, 저런 얘기를 듣다보면 나도 모르게 맥락은 다르지만 어느 뉴스 기사에서 봤던 누군가의 격한 말을 떠올리게 된다.

니 말이 처음부터 끝까지 틀렸어, 이 새끼야. 한 글자도 안 맞아, 이 ×새끼야.

전체를 보지 못한 채 코끼리 몸의 부분부분만을 만져보고는, 또는 자기가 좋아하는 어느 부분만을 떼어서는 '이것만이 코끼리다!'라고 단정하는 말이기 때문이다. 원래 어설프게 아는 사람들이 위험하다. 그리고 진짜 나쁜 건 알 만큼 알면서도 일부러 모르는 척하는 사람들이다.

계약자유의 원칙은 민사법의 대원칙이지만, 신성불가침의

원칙이 아니다. 보다 상위법인 헌법이 단결권, 단체교섭권, 단체행동권이라는 노동3권을 보장하고 있고, 이에 따라 계약자유의 원칙은 노동자의 임금 결정에 있어서 일부 수정되는 것이다. 그뿐이 아니다. 노동자와 사용자가 합의했다 하더라도, 노동 조건의 최저 기준을 정한 근로기준법에 어긋나면 고용계약은 무효가 된다. 헌법 제32조 제3항이 "근로 조건의 기준은 인간의 존엄성을 보장하도록 법률로 정한다"고 못박아놓았기 때문이다. 여기에는 산업혁명 이후 자본주의 발전의 오랜 역사가 있고, 현대의 자유민주주의 국가는 이러한 수정을 당연한 법질서로 수용한 수정자본주의 국가들이다. 계약자유의 원칙이 신성불가침인 나라에 살고 싶은 사람들은 타임머신을 타고 8세 어린이가 탄광에서 15시간씩 '적법하게' 근로계약에 따라 노동하던 찰스 디킨스 시대의 영국으로 갈 일이다. 그런 이들 중 『올리버 트위스트』를 읽어본 이는 드물겠지만.

소유권 역시 신성불가침의 것도, 무제한의 것도 아니다. 소유자는 '법률의 범위 내에서' 그 소유물을 사용·수익·처분할 권리가 있다(민법 제211조). 소유권의 범위와 한계는 법률로써 정해지는 것이며, 제한 가능하다. 헌법 제37조 제2항은 "국민의 모든 자유와 권리는 국가안전보장·질서유지 또는 공공복리를 위하여 필요한 경우에 한하여 법률로써 제한할 수 있으며, 제한하는 경우에도 자유와 권리의 본질적인 내용을 침해할 수 없다"고 규정하고 있다. 집주인의 민법상 소유권은 공공 복리를 위해 주택임대차보호법으로 제한하고 있다. 임차인 보호를 위한 규제는 '을질' 또는 '떼법'이 아니라 자유민주주의 국가의 '법질서' 중 일부분인 것이다.

도시재개발법 등에 의한 사업 승인을 받았다고 해서 '불도저로 밀어버릴' 권리가 발생하는 것 역시 아니다. 법은 구역 내 거주자에 대한 협의 및 보상을 위한 상세한 절차 역시 규정하고 있을뿐더러, 설령 법에 따라 집을 비우라고 요구할 수 있는 권리가 발생했다 하더라도 이는 말 그대로 '요구'할 수 있는 권리이지 직접 사람을 끌어낼 수 있는 권리가 아니다. 법원에 명도소송明渡訴訟*을 내어 상대방에게도 자기 입장을 주장할 기회를 보장한 후 판결을 받아내야 하고, 판결을 가지고 적법한 집행 절차를 밟아야 한다. 상대방이 무허가 건물에 살고 있는 사람이라도 마찬가지다. 그 땅에 대한 소유권이나 임차권이 없는 사람이라도 현실적으로 그 땅에 몸을 붙이고 살아가고 있다면 최소한 민법상 '점유권'이 인정되기 때문이다. 소유권과 별도로 '점유권'을 인정하고 소유자라 하더라도 적법 절차를 거쳐야 자기 소유물을 점유자로부터 돌려받을 수 있도록

---

* 매수인이 부동산에 대한 대금을 지급했음에도 점유자가 부동산의 인도를 거절하는 경우 부동산을 비우고 넘겨달라는 의도로 제기하는 소송.

하는 점유제도 역시 무려 로마법 이래의 오랜 역사가 있고, 그 주된 근거에 관한 학설은 '평화설'이다. 사회의 평화와 질서를 유지하기 위함이라는 얘기다.

법에 대해서 이야기하려면 코만, 또는 뒷다리나 꼬리만 보지 말고 코끼리 전체를 체계적으로 바라보아야 한다. 그런 관점에서 볼 때, 법은 평등하지 않다. 국민은 법 앞에 평등할지 모르지만, 법 자체는 평등하지 않다. 무슨 소리인가 싶을 것 같은데, 이런 얘기다. 법은 그 제정 주체와 절차에 따라 다양하고 (헌법·법률·명령·조례), 세상이 복잡해질수록 각 분야를 규율하는 개별법들도 무수히 늘어나고 있으며, 이 많은 법들이 또 법 개정에 의해 끊임없이 변화한다. 그러다보면 필연적으로 법과 법이 충돌하는 경우들이 생긴다. 이를 해결하려면 법도 위아래가 있어야 한다. 각자 자기 입장에 따라 유리한 법조문 하나씩을 들고 와서 아우성치는 사람들 사이에서 판사가 나 모르겠다고 도망가지 않으려면 우선순위가 있어야 한다는 말이다.

이에 따라 법 체계는 엄격한 위계질서의 피라미드를 이루고 있다. 오래된 법보다는 개정된 새로운 법이 우선하고(신법 우선의 원칙), 주택임대차보호법같이 특수한 사항을 규율하기 위해 만든 법이 일반법인 민법에 우선하며(특별법 우선의 원칙), 법의 체계상 상위법이 하위법에 우선한다(상위법 우선의 원칙). 그리고 이 피라미드의 제일 꼭대기에 있는 최상위법이 헌법이다.

그리고 헌법이 규정하고 있는 국민의 권리와 국가를 운영하기 위한 기구에 관한 수많은 조항들 중에도 제일 꼭대기에 있는 규정이 있다.

> 모든 국민은 인간으로서의 존엄과 가치를 가지며, 행복을 추구할 권리를 가진다. 국가는 개인이 가지는 불가침의 기본적 인권을 확인하고 이를 보장할 의무를 진다. (헌법 제10조)

인간의 존엄성에 대한 조항이다. 인간의 존엄성은 최고의 헌법적 가치이자 헌법과 국가의 존재 이유다. 인간의 존엄성은 다른 권리나 법 원칙과 충돌할 때 우선순위를 비교해서 제한하거나 후순위로 돌릴 수 없다. 앞서 본 헌법 제37조 제2항에 따라 국가안전보장·질서유지 또는 공공복리를 위해 제한할 수 있는 대상도 아니다. 인간의 존엄성은 무엇과도 비교할 수 없고, 누구에게도 양보할 필요가 없다. 인간의 존엄성은 무엇을 위한 수단이 아니라 그 자체로 완결적인 목적이며, 헌법을 정점으로 한 법질서는 모두 이 목적을 구현하기 위한 수단이다. 자유도, 평등도, 시장경제도, 계약자유의 원칙도, 소유권도, 국회도, 대통령도, 대한민국 자체도, 인간의 존엄성을 구현하기 위한 수단이다. 내가 대단한 휴머니스트라서 이렇게 말하는 것이 아니다. 우리나라를 포함한 문명국가의 법 체계 자체가 이렇게 형성되어 있다는 것이다. 믿어지지 않으면 서점에 가서 아무 헌법 교과서나 한번 펼쳐보기 바란다.

내가 대한민국을 위해 존재하는 것이 아니라 대한민국이 나를 위해 존재한다. 국가는 인간을 위한 도구이지 그 반대가 아니다. 존엄한 것은 대한민국도 아니고, 한민족도 아니다. 인간이다. 여기서의 인간이란 무슨 거창한 집단으로 묶여 추상화된 존재가 아니라 구체적인 한 사람 한 사람, 개인이다. 국가는 굶주리지도, 피 흘리지도 않는다. 굶주리고 피 흘리는 것은 피와 살로 이루어진 사람이다.

이 당연한 이치를 거꾸로 주장하는 이들이 있다. 역사를 들먹이며 민족이나 국가같이 개개 인간을 초월한 위대한 존재가 있고 개인은 이를 위해 희생하고 헌신해야 한다는 주장이다. 이것이 전체주의고 파시즘이다. 이런 주장을 하는 사람들을 볼 때는 이들이 내세우는 거창한 집단이 아니라 그로 인해 실질적인 이득을 얻는 개인을 봐야 한다. 재판을 할 때도 각종 단체가 당사자인 경우들이 있다. 종중도 많고 무슨무슨 기념사업회, 무슨무슨 동지회, 전우회도 많다. 소속 회원이 수천 명, 수만 명이라고 한다. 그런데 실제 재판을 해보면 재판에 관여하는 사람들, 아니 그 재판이 열리고 있다는 걸 아는 사람들 자체가 열 명도 안 되는 경우가 대부분이다. 그리고 그 사람들 대부분은 그 단체 직함으로 월급을 받고, 사무실을 운영하고, 그 단체 소유 땅이나 건물을 임대해서 수익을 올리면서 주기적으로 회원들에게 회비나 기부금을 내라고 연락하는 사람들이다. 소송이 벌어지는 경우의 대부분은 이 사람들끼리의 재산 분쟁이다. 이런 단체들은 사람들의 도덕적 부채감, 연고주의, 소속감 등을 자극하여 단체를 실질적으로 운영하는 개인들의 생계를 해결하는 비즈니스가 주업일 때가 많다.

이런 점에서 영화 〈변호인〉에서 곽도원이 연기한 고문 경찰이 국가보안법으로 자신을 정당화하면서 송강호가 연기한 변호사에게 고함치며 국가가 무엇인지도 모르냐고 묻는 질문은, 그리고 내가 어릴 적 학교 다닐 때 한 자도 빠짐없이 외워야 했던 「국민교육헌장」의 첫 구절인 "우리는 민족중흥의 역사적 사명을 띠고 이 땅에 태어났다"는 틀렸다.

니 말이 처음부터 끝까지 틀렸어, 이 새끼야. 한 글자도 안 맞아, 이 ×새끼야.

대체로 무엇이 엄청나게 중요하게 강조된다는 것은 그것이 엄청나게 위협받고 무시당해왔다는 반증일 때가 많다. 인간의 존엄성 역시 다르지 않다. 계몽주의, 인본주의를 사상적 배경으로 한 근대 시민혁명 이래 인간의 존엄성이 강조되어왔지만 헌법에 직접 인간의 존엄성 조항이 규정된 것은 2차대전 이후의 일이다. 1949년 제정된 독일의 헌법인 독일기본법 제1조 제1항이 "인간의 존엄성은 훼손할 수 없다. 인간의 존엄성을 존중하고 보호하는 것은 모든 국가권력의 책무이다"라고 규정하고 있는 이유는 아우슈비츠 수용소에서 자행된 끔찍한 국가 범죄를 떠나서 생각하기 어렵다. 지금까지도 독일 연방 헌법재판소는 각국의 최고법원 중 인간의 존엄성을 직접적인 판단의 근거로 가장 적극적으로 원용하는 곳이라고 볼 수 있다. 종교의 자유를 찾아 떠난 이민자들의 나라 미국의 「독립선언문」이 '자유'를 유달리 강조하는 것과 같은 이치다.

반면 우리 헌법에 '인간의 존엄성' 조항이 처음 규정된 것은 1962년 제5차 개정헌법에서다. 4·19로 수립된 민주정부를 군사 쿠데타로 전복시킨 세력이 초헌법적인 국가재건최고회의라는 기구를 만들어 추진한 개헌이다. 이때 '인간의 존엄성' 조항 신설과 함께 헌법 전문에 "5·16혁명의 이념에 입각하여"가 추가되었다는 것, 그리고 같은 정권에 의해 국민의 기본권을 극도로 억압하는 유신헌법이 추진되었다는 것은 역사의 짓궂은 농담 같기도 하다.

헌법학자들은 민주화 이전 시대의 우리나라 헌법을 '장식적 헌법'으로 평가한다. 대외 과시용으로 번드르르하게 되어 있을 뿐, 규범이 현실과 일치하지 않는 장식품에 불과하다는 뜻이다. 반대로 헌법 규범이 현실과 일치하는 헌법을 규범적 헌법normative constitution이라고 한다. 독일의 법학자 카를 뢰벤슈타인의 분류다.

헌법이란 외국에서 그럴듯한 명품을 장식용으로 수입한다고 끝나는 무엇이 아니다. '인간의 존엄성'을 정점으로 한 헌법적 가치의 피라미드가 현실에서도 구현되도록 하는 것은 아직도 우리의 과제다. 그러려면 먼저, 이해관계가 충돌하는 여러 순간에, 가치관이 대립하는 여러 장면에, 진짜로 '인간'을 그 중심에 놓고 생각하고 있는지 돌아보아야 하지 않을까. 이는 값싼 감상주의도 아니고 '떼법'도 아니다. 인본주의를 근간으로 하는 문명국가의 법질서다.

그렇다면 인간은 대체 왜 존엄한 것일까?

# 모든 인간은
# 존엄하다는 약속

인간은 왜 존엄한 것일까?

이런 질문으로 글을 시작하자니 영 뻘쭘하다. 내가 무슨 대단한 철학자라고 이 심오하고 거창한 주제에 대해 얘기할 수 있나 싶어서다. 그런데, 조금 더 생각해보면 이런 마음이 드는 것 자체도 난센스다. 인간의 존엄성은 헌법을 최상위로 하는 우리나라 법 체계의 출발점이자 가장 중요한 핵심 가치라고 앞 글에서 분명하게 얘기했다. 법은 우리 사회 모든 시민의 삶과 직결된 것이다. 그런데 그 출발점이자 핵심 가치에 대해서는 대단한 철학자나 되어야 감히 논할 수 있다? 이런 막연한 두려움이 든다는 건 그만큼 그 가치가 우리 삶 속에 체화되어 있지 않다는 얘기일 수 있다. 깊이 생각해본 적 없거나, 그냥 위선적이고 공허한 소리일 뿐이라고 냉소하거나, 도덕 교과서에 나오는 당연한 얘기로 치부하거나.

인간이 진짜로 존엄하긴 한가?

이 질문으로 시작하는 게 더 솔직할 것 같다. 우리는 진짜로 인간이 존엄하다고 생각하고 있나? 이번 코로나 위기 속에서 나왔던 말들을 생각해보자. 노인 사망률이 높고 젊은이들은 걸려봤자 심각한 문제가 없으니 차라리 빨리 전 국민이 전부 걸려서 집단면역이 생기는 게 낫지 않냐, 고령화로 인한 복지예산 때문에 국가재정도 힘든데 어쩌면 잘된 건지도 모른다. 스웨덴이나 영국 같은 유럽 선진국들도 내심 이걸 바라는 것 같다.

뉴스 기사에 달린 댓글들을 보자. 쓰레기 같은 인간, 개 같은 인간, 개만도 못한 인간, 살 가치가 없는 인간…… 뭔가 개가 기준인 것 같긴 한데 여하튼 인간은 다양하게 평가받고 있다. 다른 맥락에서 인간을 타박하는 말들도 있다. 인간이야말로 지구를 좀먹는 바이러스다, 인간이 없으면 지구가 살아난다……

현실을 봐도 크게 다르지 않다. 세계 최강대국이자 헌법의 위력이 가장 강력한 나라인 미국에서, 경찰관이 저항하지 않는 아프리카계 미국인 조지 플로이드의 목을 8분 46초간 무릎으로 짓눌러 죽게 만들었다. 죽어가던 조지 플로이드는 숨을 쉴 수가 없다, 살려달라 애원했고 행인들조차 경찰관에게 목을 짓누르지 말라고 외쳤지만 소용없었다. 이건 공개적인 도살이나 다를 바 없다. 여기에 어떤 존엄성이 있단 말인가.

현실에 대한 회의를 잠시 접어두고 우선 헌법에서는 인간 존엄성의 근거에 대해 뭐라고 말하는지 보자. 헌법 교과서에 나오는 설명은 거의 비슷하다. '인격성 내지 인격 주체성' '인격의 내용을 이루는 윤리적 가치' '인간의 인격과 평가' '독자적 인격체로서 그의 인격을 근거로 지니는 고유한 가치' 등이다. 무슨 소리인지 와닿는 것이 있나? 짜증이 나더라도 인격자답게 참기 바란다. 교과서라는 게 원래 그런 법이다. 좀더 풀어 설명하면, 인간은 이성에 바탕을 둔 자율적이고 윤리적인 인격의 주체이기 때문에 존엄하다는 얘기다. 이성·자율성·윤리성이 핵심 키워드라고 볼 수 있다. 아까보다는 조금 더 이해되지만 여전히 의문이 들기는 한다. 무슨 성인군자만 존엄한 인간이라는 소리야? 도덕 교과서 같은 고리타분한 얘기인 것 같은데?

그렇다면 거슬러올라가 역사적 배경을 살펴보자. 서구에서 발전한 인간 존엄성이라는 이념의 뿌리는 기독교 사상에 있다고 볼 수 있다. "하나님이 자기 형상 곧 하나님의 형상대로 사람을 창조하시되 남자와 여자를 창조하시고"(창세기 1장 27절)라는 성경 구절에서 알 수 있듯 인간은 다른 피조물과 달리 신과 닮은 존재이기에 존엄하다는 것이다. 여기서 "하나님의 형상Imago Dei, Image of God"이란 비주얼을 말하는 게 아니다. 하나님이 금발에 푸른 눈이라서 이를 닮은 백인이 존엄하다, 이런 저질스러운 이야기가 아니라(놀랍게도 이런 식의 헛소리를 진지하게 신봉하는 인종주의자들도 있다) 신이 인간에게 다른 피조물과 달리 지적·도덕적 품성을 부여했기에 존엄하다는 뜻이다. 헌법 교과서에서 말하는 이성·자율성·윤리성과 일맥상통하는 논리다. 물론 종교적으로는 영성을 더욱 강조하겠지만 기본적인 접근은 비슷하다.

이러한 서구의 사상 전통을 철학적으로 총정리한 이가 철학자 칸트다. 칸트는 인간 존엄성의 근거를 이성에 의해 인도되는 도덕적 자율성에 두고 있다. 인간은 누구나 독자적으로 양심에 따른 결정을 내릴 능력이 있는 존재이므로 그 자체로 목적으로서 존중되어야 하고, 목적을 위한 단순한 수단으로 사용되어서는 안 된다는 것이다. 이러한 칸트의 철학이 헌법이 말하는 인간 존엄성의 근간을 이루고 있다고 볼 수 있다. 독일 연방헌법재판소는 '인간이 국가행위의 단순한 객체가 된다면 인간 존엄성에 위반된다'는 '국가행위 객체설'을 인간 존엄성 침해 여부의 판단 기준으로 삼고 있다. 뉴욕에서 벌어진 9·11 테러의 공포를 배경으로 2005년 독일 의회는 다수의 생명에 대한 위협을 방지할 수 있는 방법이 달리 없는 경우에 테러범에 의해 납치된 항공기를 격추시킬 수 있는 항공안전법을 추진했다. 납치된 항공기가 빌딩 등으로 돌진하여 수많은 희생자가 생기는 일을 막기 위해 소수인 승객들을 희생시키자는 것이다. 이에 대해 독일 연방헌법재판소는 '국가가 납치된 승객을 타인의 보호를 위한 국가적 조치의 단순한 객체로 만드는 것은 인간 존엄성에 위반된다'는 이유로 위헌으로 판단했다.*

우리나라 헌법재판소 역시 '구치소 내 과밀수용행위 위헌확인 사건'에서 "인간의 존엄과 가치는 모든 인간을 그 자체로서 목적으로 존중할 것을 요구하고, 인간을 다른 목적을 위한 단순한 수단으로 취급하는 것을 허용하지 아니하는바, 이는 특히 국가의 형벌권 행사에 있어 매우 중요한 의미를 가진다"라고 하면서, 일인당 사용 가능한 면적이 1평방미터 남짓밖에 안 되는 비좁은 구치소에 사람을 수용하는 것은 인간으로서 최소한의 품위를 유지할 수 없도록 만든 행위로, 인간으로서의 존엄과 가치를 침해해 헌법에 위배된다고 판단했다.**

헌법에서 말하는 인간의 존엄성은 앞의 헌법재판소 결정에도 나오듯 '모든 인간'에게 해당하는 것이다. 평소 늘 도덕

---

* 독일 연방헌법재판소 항공안전법 판결(BVerfGE 115, 118 ff) 참조.
** 헌재 2016. 12. 29. 2013헌마142 결정.

적이고 이성적으로 행동하는 사람만을 골라서 존엄하다는 것이 아니다. 신이 부여한 특성이든 진화의 결과이든, 모든 인간에게는 최소한 이성과 양심에 따른 결정을 할 수 있는 '능력'이 있기에 존엄하다는 것이고, 그러한 능력이 있음에도 법을 어긴 사람에게는 벌을 부과한다는 것이다. 따라서 인간의 존엄성은 보편적 인권의 근거가 된다. 모든 인간은 존엄하기에 그의 인종·성별·종교·지능·재산 등과 관계없이, 또한 그가 선한지 악한지, 성인군자인지 범죄자인지에 관계없이 인간으로서의 기본적인 권리가 보장되어야 하는 것이다.

이런 점에서 '최고존엄'이라는 말은 코미디다. 존엄이란 비교급이나 최상급을 허용하지 않는다. 더 존엄하고 최고로 존엄한 존재가 있다는 것은 그 외의 모두는 존엄하지 않다는 말이나 다름없다. 마치 조지 오웰의 『동물농장』에 나오는 "모든 동물은 평등하다. 그러나 어떤 동물은 다른 동물들보다 더 평등하다"는 말처럼.

훌륭한 얘기다. 헌법이 말하는 인간의 존엄성에 관한 이야기도, 그 역사적 사상적 배경도, 실천적 의미도. 그렇긴 한데, 여전히 머리 한구석에 물음표가 떠오르는 걸 막을 수 없다. 인간 존엄성의 주요 근거가 이성이라는데, 그렇다면 인공지능은? 인간 수준 또는 그 이상의 지적 능력을 가진 인공지능이 등장한다면 그 또한 존엄성이 인정되는 걸까? 그렇다면 '인간'

의 외연이 확장되는 것인가, 아니면 인간 이외의 이성적 존재로서 존엄성이 인정되는 것일까.

동물에게도 자의식이 있지 않느냐는 연구도 끊임없이 진행되고 있다. 과천 서울대공원에 있는 오랑우탄 '보람'은 거울 앞에 앉아 치렁치렁한 긴 비닐조각들을 자기 머리 위에 가발처럼 올려놓고 조심스럽게 정돈해 중심까지 잡고는 거울에 비친 자기 모습을 바라보았다. 돌고래, 코끼리 등도 이러한 거울 실험mirror self-recognition test을 통과했다. 이러한 연구 결과들을 토대로 자의식, 이타성 등 인간이 지닌 독보적인 것으로 여겨졌던 특성을 공유하는 일부 동물 종들을 비인간인격체 nonhuman person로 존중해야 한다는 주장이 힘을 얻고 있다.

인간에게는 양심에 따라 도덕적 결정을 내릴 능력이 있다고 하는데, 소시오패스는 어떨까? 소시오패스는 충동적이고 사회규범에 순응하지 못하며, 무엇보다 타인을 해치는 행위에 대해 양심의 가책을 느끼지 않는 사람들이다. 하버드 의대 정신과 교수 마사 스타우트에 따르면 교정이 불가능한 '반사회적 인격장애'를 가진 사람이 전체 인구수의 약 4퍼센트라고 한다.* 소시오패스만 문제일까? 유명한 '밀그램 실험'에 따르면 연구 목적임을 가장하여 상대방에게 (가짜) 전기충격을 가

---

* 마사 스타우트, 『이토록 친밀한 배신자』, 이원천 옮김, 사계절, 2020, 21쪽.

하도록 지시하자 실험 참가자 중 60퍼센트 이상이 최고 전압에 이르기까지 스위치를 계속 누름으로써 잘못된 지시에 순종했다.

이런 회의적인 생각을 하다보면 『사피엔스』의 저자 유발 하라리가 제일 솔직한 것 아닌가 싶기도 하다. 하라리는 인본주의도 기독교나 마찬가지로 인간이 만들어낸 믿음, 종교에 불과하다고 본다. 인간들끼리 서로 인간이 존귀하다, 존엄하다 해주다보니 이를 자연법칙인 것처럼 착각하게 되고 그러다보니 실체를 가지고 인간사회를 규율하게 되는 이른바 '상호주관적 실재'가 되었다는 것이다. 어쩌면 그게 정확한 말일지도 모른다. '인간의 존엄성'이란 생각해보면 주관적이고 독단적이며 배타적이다. 동물 입장에서 볼 때도 인간만이 존엄할까? 현생 인류에 의해 멸종된 네안데르탈인의 입장에서 보면 어떨까. 결국 우리가 인간이니까 인간이 존엄하다고 우리끼리 약속한 것 아닐까?

그렇다고 여기서 곧바로 대단한 진실을 깨달은 양 '그래! 인간도 동물의 하나에 불과해! 인간의 존엄성 따위 다 위선적인 사기였어! 인간 따위 다 멸망해버려야……' 운운하며 폭주하시지는 말기 바란다. 중2가 지났다면 말이다.

'인간의 존엄성'이 인간들끼리의 약속이라고 치자. 그렇다면 그 약속은 무의미할까? 인간의 존엄성은 사기인가?

나는 그렇지 않다고 생각한다. 인류의 역사는 잔혹과 폭력의 역사였다. 선사 시대 발굴된 인간 유골에는 타살의 흔적과 이빨 자국, 즉 식인의 흔적이 흔했다고 한다. 인간이 목적을 위한 수단이어서는 안 되기는커녕 말 그대로 '식사 대상'이기도 했던 것이다. 당시 인류는 자기 무리, 부족 이외의 인간은 자신과 다른 동물로 생각했을 것이다. '인간'이라는 보편적인 개념 자체가 없었다는 얘기다. 문명이 시작된 후에도 존엄한 것은 신 또는 그의 대리인인 왕, 또는 특정 계급이지 보편적인 인간이 아니었다. 중세까지도 사정은 다르지 않았다. 신의 나라를 끝내고 인간의 나라가 시작된 것 자체가 수많은 사람들이 피 흘리며 싸워서 얻어낸 결과물이다. 인류는 오랜 역사 끝에 근대에 이르러 비로소 모든 인간을 존엄하다고 인정하는 것을 전제로 하는 사회계약을 이루어냈고, 이것이 문명국가의 헌법이다. 신이 어떤 특성을 부여했기 때문이 아니라, 인간에게 어떠한 본성적인 특징이 있어서가 아니라, 인간들이 오랜 역사 속에서 서로의 존엄함을 인정하기로 약속했기 때문에 이를 기초로 하는 사회가 성립되었고, 이러한 약속은 비록 현실에서 완전히 실천되고 있지는 못하다고 해도 여전히 소중하다.

이 약속은 잠정적인 것일 수도 있다. 미래에 과학기술 발전에 따라 인간을 넘어선 존재까지 포괄한 새로운 약속이 성립될 수도 있다. 또는 인간 이외에 지구에서 살아가는 다른 생명들에게도 조금씩 조금씩 그 존엄성을 인정하며 외연을 넓혀갈지도 모른다. 하지만 지금 현재 우리가 살아가는 세상을 이루는 사회계약의 기초는 우선 우리 동료 인간들을 존엄하게 여기는 것이다. 그것만도 엄청나게 어려운 일이다. 서두에서 말했던 것처럼 인간이 진짜로 존엄하긴 한가 하는 절망과 회의를 반복하게 되지 않나.

약속이란 혼자 할 수 없다. 여럿이 함께하는 것이다. 칸트의 말씀도 헌법 교과서의 설명도 자꾸만 고립된 개체로서의 인간이 갖는 어떤 고유하고 추상적인 특성으로 설명하니까 어렵게만 느껴진다. 인간의 존엄 역시 관계 속에서 찾을 때 더 피부에 와닿을지 모르겠다. 인류학자 김현경은 그의 아름다운 책 『사람, 장소, 환대』에서 인간과 사람이라는 개념을 구분하면서 사람이란 구성원들의 환대를 통해 비로소 공동체 안에서 성원권을 갖는다고 설명한다. 어떤 개체가 인간이라면 그 개체는 우리와의 관계 바깥에서도 인간일 것이지만, 어떤 개체가 사람이 되기 위해서는 사회가 그의 이름을 불러주어야 하며, 그에게 자리를 만들어주어야 한다는 것이다.

공포스러운 전염병으로 사람들이 숱하게 죽어나가는 순간에 집에 갇힌 이탈리아 사람들은 발코니에 나와 서로를 격려하기 위해 노래하고 춤을 추었다. 우리나라에서는 자가격리중인 가족을 위해 담당 공무원은 햇반, 김, 참치 캔이 든 상자를 두고 가고, 이웃 부부는 맥주에 치킨을, 그 따님의 친구는 붕어빵과 계란빵을 종류별로 사서는 현관 문고리에 걸어놓았다고 한다. 격리되었던 이는 "결국 우리를 구원하는 것은 따스함이라는 생각이 들었다"고 회상한다.*

인간은 서로에게 상냥할 수 있다. 어쩌면 그래서 인간은 존엄한 것 아닐까.

---

\* 오마이뉴스 2020년 2월 17일자. 「답답한 '자가격리' 기간, 환호성을 지른 우리 가족」.

# 이제 질문을 바꿔야 한다—사형제

헌법이 보장하는 최고의 가치이자 모든 기본권의 이념적 기초는 인간의 존엄성이다. 여기에 대해 자연스럽게 떠오르는 의문이 있을 수 있다. 사형제도는 헌법이 보장하는 인간의 존엄성에 반하는 것 아닌가 하는 의문이다. 존엄하다는 인간을 국가가 법에 의거해 죽이는 게 정당화될 수 있을까?

이에 대한 우리나라 헌법재판소의 현재까지의 답변은 정당화될 수 있다는 것이다. 1996년에는 재판관 7대2의 의견으로 사형을 합헌으로 결정했고, 2010년에는 5대4의 의견으로 역시 합헌임을 재확인했다.[*]

세계적인 추세로 보면 사형제도가 최신 유행이 아닌 것만은 확실해 보인다. 국제앰네스티 기록에 따르면 2019년 한 해

동안 전 세계 국가 중 오직 20개국에서만 약 600여 건의 사형이 집행됐다. 이는 국제앰네스티가 지난 십 년간 기록한 사형 집행 통계 중 가장 낮은 수치다. 대부분의 사형 집행은 중국, 이란, 사우디아라비아, 이라크, 이집트에서 이루어졌다.

놀라운 변화이긴 하다. 근대 초기까지만 해도 온갖 사소한 이유로 사람이 사형에 처해지곤 했다. 남색, 헛소문, 양배추 훔치기, 안식일에 땔감 줍기, 부모에게 말대꾸하기, 왕궁의 정원을 비판하기 등등. 헨리 8세 재위 말년에는 런던에서만 매주 열 건 이상의 처형이 벌어졌다고 한다.[**] 근대 계몽주의, 인본주의 사상의 발전이 인류 역사 시초부터 존재했던 사형 제도 자체에 대해 단계적인 사형을 집행하는 과정이라고 볼 수 있다.

그렇다고 해서 의문이 사라지는 건 아니다. 세계적인 추세가 어떻든 일단 스스로 납득할 수 있어야 한다. 솔직히 나부터도 사형을 고집하는 것은 야만이다, 사형은 반문명적이다, 라는 식의 단정적인 주장에는 반감이 들곤 한다. 문명과 야만의 이분법 잣대를 들이댈 문제는 아니라고 보기 때문이다.

인간 존엄성의 근거를 철학적으로 정리한 칸트는 오히려

[*] 헌재 1996. 11. 28. 95헌바1 결정 및 헌재 2010. 2. 25. 2008헌가23 결정.
[**] 스티븐 핑커, 『우리 본성의 선한 천사』, 김명남 옮김, 사이언스북스, 2014, 275쪽.

인간이 존엄하기 때문에 사형이 반드시 필요하다고 보았다. 인간은 자율적 이성을 가졌기에 존엄한데, 그런 인간이 스스로 타인의 생명을 빼앗는 선택을 했다면 그의 행위에 걸맞은 책임을 지게 하는 것이 그를 인간으로 존중하는 방법이라는 논리다. 사형 집행이 시민사회의 의무라고까지 했다. 세상이 내일 멸망해서 최후의 일인이 남을지라도 사형은 집행해야 한다는 것이다. 칸트는 살인자를 처형하지 않은 모든 시민들 역시 살인에 동참한 것이나 다름없다고 볼 정도로 정의의 실현을 중요시했다.

대표적인 계몽사상가 존 로크 역시 사형제도를 긍정했다. 그는 어느 누구도 다른 사람의 생명, 건강, 자유 또는 소유물에 해를 가해서는 안 된다는 자연법이 존재한다고 전제하고, 이러한 자연법을 위반한 범죄자는 다른 사람에게 저지른 부당한 폭력과 살인으로 전 인류에 대해 전쟁을 선포한 셈이기 때문에, 호랑이나 사자처럼 살해되어야 마땅하다고 보았다.

반면, 사형폐지론을 주장한 대표적인 계몽사상가는 형법학자 체사레 베카리아다. 그는 1764년 출간한 저서 『범죄와 형벌』에서 사형은 유용하지도 필요하지도 않다고 주장한다. 범죄에 대한 억제력 측면에서 볼 때 사형의 효과는 일시적일 뿐이라는 것이다. 망각이 인간의 속성이기 때문이다. 오히려 자유를 박탈당한 채 평생 짐 나르는 짐승처럼 취급받고, 자신의 노동으로 사회에 끼친 손해를 속죄하는 범죄자의 모습을 오래 보게 하는 게 더 효과적인 억제책이라는 주장이다.

이는 사형폐지론의 오랜 근거 중 하나다. 사형제도에 흉악 범죄를 억제하는 일반예방효과(형벌을 통한 범죄 예방 효과)가 없다는 것이다. 맞는 말이다. 사형을 폐지한 유럽 국가들이 사형을 활발히 집행하고 있는 나라들보다 훨씬 흉악범죄율이 낮다. 사형제 폐지 후에 범죄율이 올라가지도 않았다. 또한, 확신범의 범죄도 사형으로 억제된다고 보기 어렵다.

하지만, 이는 사형의 위헌성을 주장하는 적절한 논거라고 보기 어렵다. 헌법은 인간을 다른 목적을 위한 한낱 수단으로 취급하는 것을 금지하고 있기 때문이다. 범죄 예방을 위해, 즉 '본보기'를 위해 사형을 집행하는 것은 다른 이유를 들 필요도 없이 그 자체로 헌법상 보호되는 인간의 존엄과 가치를 침해하는 행위다. 헌법상 사형이 인정된다면 그것은 칸트의 주장처럼 범죄자가 스스로 자기 행위에 책임을 지게 하기 위한 것, 즉 응보를 위한 것이지 일반예방을 위한 것이어서는 안 된다. 따라서 일반예방효과가 입증되지 않았다는 이유로 사형의 위헌을 주장하는 것은 '허수아비 때리기'에 불과할 수 있다.

사형이 비인도적이고 잔인한 형벌이라는 주장에 대해서도, 그 대체형벌로서 감형이나 가석방이 불가능한 절대적 종신형을 주장한다면 모순이라는 반박이 가능하다. 평생 짐 나르는 짐승처럼 취급하는 것이 더 효과적인 범죄 억제책이라는 베카리아의 주장과 자율적 이성을 가진 인간이 스스로 타인의 생명을 빼앗는 선택을 했다면 그의 행위에 걸맞은 책임을 지게 하는 것이 그를 인간으로 존중하는 방법이라는 칸트의 주장 중에 어느 것이 더 인도적인지는 논쟁의 여지가 있다. 사람을 즉시 처형하는 것은 비인도적이고, 관 속에 넣고 그 안에서 평생 살게 하는 것은 인도적일까? 참고로 독일 연방헌법재판소는 감형의 가능성을 배제한 절대적 종신형은 인간 존엄성에 위반된다며 위헌으로 결정했다.

종교적인 이유로 사형에 반대하는 입장도 있다. 아래의 글을 보자.

사람의 생명은 창조주 이외의 어떠한 권위로서도 사람이 이를 박탈할 수는 없다. 사람은 창조주에 의하여 피조된 신비스러운 존재이며 사람의 생명은 창조주 다음으로 가장 고귀하고 신성한 것이므로, 사람의 생명을 박탈하는 일은 창조주만이 가능할 뿐 창조주가 아닌 사람은, 그 어떠한 권위를 가지고서도, 사람이 만든 어떠한 법과 제도를 통하여서도, 불가능하다고 할 것이다. 만약 이것이 가능하다면 이는 창조주의 권위보다 더 큰 권위를 찬탈하는 것이 되며 창조주의 구원을 거부하는 것이 되기 때문이다.

놀랍게도 목사님의 글이 아니다. 헌법재판소 결정문의 일부다.* 앞에서 말한 1996년 사형 합헌 결정문 중 소수의견인 조승형 재판관의 위헌의견이다. 물론 종교인의 신앙은 존중한다. 하지만, 우리나라는 헌법상 종교의 자유가 보장되며 헌법 제20조 제2항은 "국교는 인정되지 아니하며, 종교와 정치는 분리된다"고 하여 국가의 종교적 중립성을 규정하고 있는 나라다. 종교의 교리는 세속의 법정에서 위헌/합헌을 가르는 기준이 될 수 없다. 만약 사형제 합헌의견으로 "인생은 번뇌로 가득한 고해苦海일 뿐이니 헛된 육신을 벗는 게 무슨 큰일인고?"라고 쓴다면 어떻겠는가?

가장 강력한 사형폐지론의 논거는 오판 가능성이다. 미국의 경우 사형 선고를 받고 난 뒤 다시 무죄임이 증명되어 무죄판결을 받은 사형수가 1973년 이후에만도 122명에 이른다는 통계가 있다.** 영화 〈살인의 추억〉의 모티프가 된 이춘재 연쇄살인 사건만 해도 그렇다. 이춘재가 저지른 극악무도한 범행은 사형제가 필요한 이유를 보여준다고 할 수 있다. 하지만,

---

* 앞의 95헌바1 결정.
** 강석구·김한균, 「사형제도의 합리적 축소정비방안」, 한국형사정책연구원, 2005, 43쪽 이하 참조.

이춘재가 자신이 저지른 일이라고 인정한 화성 8차 살인 사건의 범인으로 몰려 무기징역을 선고받고 20년을 복역한 윤모 씨의 경우를 보자. 만약 무기징역이 아니라 사형을 선고받아 사형이 집행되었다면, 그리고 그후 이춘재가 진범임이 밝혀졌다면 국가는 어떻게 이 잘못을 바로잡을 수 있을까?

그런데, 여기에 대해서도 더 생각해볼 여지가 있다. 오판 가능성을 이유로 사형제를 폐지해야 한다는 입장은 오판의 여지가 없이 명백히 유죄가 인정되는 사건에는 사형이 가능하다는 것일까? 현장에서 바로 체포되는 경우도 있고, 객관적 증거와 자백이 모두 갖춰진 경우도 있다. 이런 경우에도 완벽한 입증이란 있을 수 없다는 이유로 모든 재판에는 오판 가능성이 존재한다는 주장은 인간은 외부 세계를 인식할 수 없다는 극단적 불가지론에 가깝다. 이런 입장을 고수한다면 사형뿐만 아니라 어떠한 형벌도 재판도 정당화할 수 없다. 똑같이 오판 가능성이 있는데 사형은 불가하지만 무기징역은 가능한가? 생명은 회복 불가능하기 때문에 다르다고 반박하겠지만, 인간의 삶은? 한평생 억울하게 감옥에서 보내다가 진범이 뒤늦게 밝혀져 죽을 날을 며칠 앞두고 석방되면 그의 일생은 회복 가능한 것인가? 윤모 씨의 20년은 회복 가능한가?

비극적이지만 오판 가능성은 인간이 운영하는 재판제도에 있어 숙명과도 같은 것이다. 사형의 경우에만 문제되는 것이 아니다. 오판 가능성은 수사와 재판을 더욱 엄밀하고 신중하게 하고, 피고인의 절차적 권리를 보장해야 하는 근거가 되지만, 그것만으로 사형이 위헌이라고 보기는 어렵다.

물론, 사형폐지론은 과거 시대의 야만과 광기에 대한 인도주의적 반성에서 비롯한 것이다. 하지만, 계몽과 합리적 이성을 강조하다보니 그만 무시하고 폄하하는 게 있다. 감정이다. 형법학자들 중에는 죄에 대한 정당한 보복이라는 의미의 응보형은 원시 형벌에서나 타당할 뿐이고 현대 국가에서는 오로지 일반예방과 특별예방(범죄자의 교화 및 재사회화)만이 형벌의 목적이 되어야 한다고 주장하는 이들이 많다. 살인범을 사형에 처한다고 해도 피해자 가족은 일시적인 위로를 받을 수 있을 뿐, 고통이 해소되지 않는다는 것이다.

나는 이런 주장을 접할 때마다 영화 〈밀양〉이 생각난다. 아들을 유괴하고 살해한 유괴범을 면회하러 간 전도연은 유괴범이 교도소에서 하나님을 접하고 거듭나 회개해 용서를 받았다고 환한 얼굴로 말하자 충격에 빠진다. 그리고 하나님에게 분노를 터뜨린다. 내가 용서하지 않았는데 누구 맘대로 살인자가 용서받을 수 있느냐고.

나는 조두순이 나영이에게 자행한 그 끔찍한 짓들에 대해, 조주빈 일당이 그 많은 여성들에게 저지른 잔인한 짓들에 대해, 피가 거꾸로 솟는 분노와 복수심을 느끼지 않는 사람이라면 그가 어떤 이성적이고 인도적이고 아름다운 주장을 하든 신뢰할 수 없다.

베카리아는 『범죄와 형벌』 서문에서 "몽매하고 흥분 잘하는 군중과는 거리를 두고, 오직 공공복리의 담당자들을 위해" 썼다고 선언한다. 하지만 그가 말하는 '군중'의 분노는 결코 무시되어서는 안 된다. 인간은 타인의 고통에 공감을 느끼도록 진화했다. 인간은 진화 과정에서 동족 간 잔혹 행위, 친족 살해, 아동 성폭행 등 공동체의 존속과 발전을 위협하는 행위들에 대한 자동적인 거부감과 분노를 진화시켰다. 이 분노에 기초한 응보형은 여전히 범죄를 벌하는 근본이다. 그걸 부정하는 것은 솔직하지 못한 태도다. 그리고 응보의 관점에서 볼 때 사형 외에는 합당한 벌을 찾을 수 없는 범죄가 존재하는 것을 부인할 수는 없다. 유영철이 저지른 죄에 대해 사형 외에 도대체 무엇이 합당한 벌일 수 있을까.

… 그럼에도 불구하고, 이 모든 이유에도 불구하고 여전히 사형제 폐지를 고민해야 하는 이유가 한 가지 남아 있다고 생각한다.

우리는 국가가 합법적으로 국민을 죽이는 사회에 살고 싶은가, 그렇지 않은가.

사형제 폐지 여부는 딱 떨어지는 논리로 옳고 그름이 결정되는 문제, 또는 위헌/합헌으로 갈리는 문제라기보다 국민의 선택의 문제(이것을 입법정책적인 문제라고 한다)가 아닐까. 국가는 개인들의 자유와 행복을 위한 도구다. 말하자면 아파트 입주자대표회의 같은 것이다. 여기에 우리는 많은 일들을 위임했다. 범죄에 대한 정당한 응보인 처벌도 그중 하나다. 인간사회의 한계인 오판 가능성까지 일정 정도 감수하면서 말이다. 그런데, 그 위임의 한도를 어디까지로 할 것인지는 우리 스스로가 선택할 수 있는 문제다.

우선은 원칙의 문제다. 국가에 합법적으로 국민을 살해할 권한이 부여된 사회와 그렇지 않은 사회는 다를 수밖에 없다. 코로나처럼 예상치 못했던 보건 위기는 앞으로도 얼마든지 올 수 있다. 기후 변화와 고령화 같은 사회 전체에 영향을 미칠 변화도 많다. 응보라는 공공의 목적을 위해 사형을 집행하듯이 공공복리를 목적으로 일부 국민의 생명을 희생시키는 것을 고려하는 상황이 올 수도 있다. 이때 어떤 원칙이 지배하는 사회에 살고 싶은가. 우리는 고민해봐야 한다.

물론 최후의 수단으로 일부의 희생이 부득이한 경우가 있을 수 있다. 하지만 이런 결과를 피하기 위해 치열하게 모든 노력을 기울이는 사회와, 신속하게 경제성과 효율성을 기준으로 판단해버리는 사회는 다르다. 여기에는 평소 그 사회가 구성원의 생명에 어느 정도의 가치를 부여하는지가 영향을 미친다. 권력 남용의 위험성도 다르다. 형벌 권한을 남용하는 독재자는 언제든, 어디서든 출현할 수 있다. 이때 오랫동안 사형이 금지되어온 나라와 시행되어온 나라가 맞이하는 상황은 다를 수밖에 없다.

감정의 문제도 있다. 끔찍한 범죄에 대한 우리의 분노 감정이 사형을 정당화한다면, 사형 집행에 대한 감정 역시 정확해야 한다. 불편한 것들은 무지의 베일 뒤에 가려두고 목소리만 높이는 것은 무책임하다. 우리는 우리 손으로 직접 사형을 집행하지 않는다. 어디서 어떻게 집행하는지도 잘 모른다. 우리는 교수형을 집행할 때 목에 두꺼운 끈을 두른 사형수의 발밑 바닥이 갑자기 열리며 사형수의 경추가 분리되는 소리를 듣지 못한다. 끈에 대롱대롱 매달린 시신에서 무엇이 흘러나오고 입에서 무엇이 튀어나오는지 보지 못한다. 게다가 사형수는 끔찍한 범죄를 저지르던 바로 그 순간에 사형을 당하지 않는다. 그로부터 이미 많은 시간이 흐른 후에 평온히 감방에 앉아 있다가 끌려나와 사형당한다. 그중 일부는 어떤 동기로든 진심으로 회개하고 반성하여 다른 사람이 되어 있는 경우도 있다. 대부분은 극도의 공포에 떨며 형장으로 향한다.

물론 이런 점들을 모두 감안해도 응보를 위해 사형이 필요하다고 생각하는 사람이 많을 것이다. 하지만 불편함과 망설임을 느낄 사람들도 적지 않을 것이라고 본다. 국민참여재판을 진행해본 경험에서 하는 말이다. 평소 포털 기사 댓글에서 보게 되는 국민 여론과 직접 피고인을 눈앞에서 보며 재판에 참여한 배심원들의 양형의견은 많이 달랐다. 우리나라의 배심원들은 판사들보다 낮은 양형을 선택하는 경우가 많다. 응보감정이 존중되어야 한다면, 국가에 의한 살인인 사형에 대해 느껴지는 불편함과 두려움의 감정 역시 존중될 필요가 있다. 앞으로 어느 감정이 우세해질지는 알 수 없다.

우리는 국가가 합법적으로 국민을 죽이는 사회에 살고 싶은가, 그렇지 않은가.

이 질문을 먼저 우리 스스로에게 진지하게 던져본 후에야 우리는 사형제도에 대한 각자의 의견을 정할 수 있을 것이다.

## 사람답게
## 산다는 것

헌법이 보장하는 최고의 가치가 인간의 존엄성이라고 해놓고 사형제도가 인간의 존엄성을 침해하는가부터 한참을 논의하고 있자니까 문득 씁쓸한 생각이 든다. 말 그대로 죽이지만 않으면 존엄성을 지켜주는 건가 하는 생각이 들어서다. 인간 존재의 출발로서 생명권이 중요하긴 하지만, 이것만으로는 충분하지 않다. 인간이 존엄하게 살 수 있으려면 무엇이 필요할까.

인간이 같은 인간으로 취급받지 못하고 가축이나 도구, 재산으로 취급받는다면 존엄하다고 볼 수 없다. 노예의 삶은 존엄성이 보장되는 삶이 아니다. 하루 세 끼 밥만 먹여준다고 인간답게 산다고 할 수 있을까. 그렇기에 인간 존엄성의 보장은 자유에서 출발한다. 자율적으로 자신의 삶을 살아가고 자신의 선택에 책임을 지는 존재, 객체가 아닌 주체인 존재. 인간을 그런 존재로 인정하면서 비로소 근대가 시작되었다.

하지만 형식적인 자유만으로는 충분하지 않았다. 타고난 계급에 의해, 성별에 의해, 믿는 종교에 의해 차별받는다면, 불합리한 이유로 남들과 동등한 기회를 부여받지 못한다면 사실상 손발이 묶인 채 살아가는 것과 다름이 없다. 존엄한 존재는 동등하다. 소수만이 남들보다 더 존중받는 사회라면 나머지 구성원들은 존엄성을 보장받지 못하는 것이다. 그래서 평등이 필요하다. 자유와 평등은 인간의 존엄성을 지탱하는 기둥이고, 헌법이 보장하는 기본권 역시 자유권적 기본권, 평등권을 중심으로 발전해왔다.

그런데, 그것만으로 족할까? 자유와 평등만 보장하면 사람은 존엄하게 살 수 있을까?

돈이 없어 쓰레기 더미를 뒤져 남들이 먹다 버린 음식, 상한 음식으로 연명해야 하는 상황에서 인간의 존엄성이 보장되고 있다고 할 수 있을까?

인도에서 기차 여행을 하다보면 기찻길 옆으로 길게 난민캠프 같은 노숙인 거주지역이 늘어서 있는 것을 볼 수 있다. 몸을 가릴 제대로 된 지붕 하나 없이 거적때기 밑에 몸을 누여 잠을 청하고, 당연히 화장실도 없어 대낮에 엉덩이를 까고 길가에 쭈그려앉아 볼일을 본다. 이런 환경에서 인간의 존엄성이 보장되고 있다고 할 수 있을까?

남들의 자선과 동정을 통해 최소한의 의식주는 해결할 수 있게 되었다고 치자. 그것만으로 존엄하게 살 수 있을까? 사람은 일을 통해 스스로의 삶을 책임질 수 있는 자원을 얻고 타인과 교류하며, 사회 속에서 자신이 설 자리를 얻는다. 일을 하려면 그에 필요한 것들을 배워야 한다. 교육의 기회도 없고 일자리도 없이 사람은 존엄하게 살 수 있을까?

사람이 사람답게 살기 위해서는 생각보다 많은 것들이 필요하다. 그래서 헌법은 많은 권리의 리스트를 적어놓고 있다. 교육받을 권리(제31조), 근로의 권리(제32조), 근로자의 단결권·단체교섭권·단체행동권(제33조), 건강하고 쾌적한 환경에서 생활할 권리(환경권, 제35조), 그리고 가장 포괄적인 권리로서 인간다운 생활을 할 권리(제34조).

이런 권리들을 통틀어 '사회적 기본권'이라고 부른다. 생존권적 기본권이라고 부르기도 하지만 적절한 용어는 아닌 것 같다. 생존만을 가까스로 보장하겠다는 야박한 소리로 들리기 때문이다. 생존과 생활은 다르다. 사회적 기본권은 인간이 존엄하게 사는 데 필요한 사회적 조건을 보장하기 위한 권리다. 헌법의 역사에서 가장 뒤늦게 등장한 권리라고 볼 수 있다. 가혹한 자유경쟁만으로 인간의 존엄성을 보장할 수 있다고 착각했던 시대를 지나 복지국가를 지향하는 20세기 수정자본주의 시대에 기본권 구조의 한 축을 차지하게 되었다.

실은 이 책을 처음 쓰기 시작할 때는 인간의 존엄성, 자유, 평등, 사회적 기본권의 순서로 따로 한 장을 할애해 사회적 기본권에 대해 서술할까 했었다. 그것이 헌법적 가치를 온전히 다룰 수 있는 방법이라고 생각했던 것이다. 그런데 결국은 사회적 기본권 부분을 별도로 쓰려는 생각을 접고 말았다. 대단한 이유가 있어서가 아니다. 솔직히 말하자면, 재미없어서다.

이 대목에서 놀라실 분들도 있을 거고, 화를 내실 분들도 있을 것 같다. 아니 무려 '헌법적 가치'에 대해 이야기하는 책을 쓴다면서 인간이 인간답게 살기 위한 권리, 사회적 기본권에 대해 쓰는 게 재미없다니 이게 도대체 무슨 소리냐.

죄송하지만 그것이 글쟁이의 본능이다. 펄펄 뛰는 살아 숨쉬는 이야기, 논쟁거리도 많고 이야깃거리도 많은 주제를 다룰 때 신이 나고 손이 저절로 움직인다. 사회적 기본권은 마땅히 그래야 할 주제가 맞다. 그런데, 유감스럽게도 아직까지 사회적 기본권은 우리 손에 구체적으로 거머쥘 수 있는 현찰 같은 권리가 되지 못하고 있다. 그렇다고 공수표에 불과하다는 것은 아니지만, 아직은 아름다운 약속에 불과하다. 국가가 최선을 다해서 노력하겠다는 약속인 것이다. 아름답지만 당장 국가의 멱살을 잡고 법정에 끌고 가서 약속 위반을 따질 구체적인 권리가 되기에는 제약이 너무나 많은 것이 사회적 기본권이다.

헌법이 국가의 기본법이고 우리 사법질서의 최정점에 있는 최상위법임에도 불구하고 우리는 '건강하고 쾌적한 환경에서 살 권리'를 보장받지 못했다는 이유로 국가배상을 요구할 수도 없고 고용노동부를 상대로 내 일자리를 만들어낼 것을 요구하는 소송을 내지도 못한다. 많은 국민이 여전히 인간다운 생활을 할 권리를 보장받지 못한 채 빈곤으로 고통받는다는 이유로 대통령을 직무 유기로 고소하고 탄핵 심판대에 서게 하기도 어렵다.

사회적 기본권은 그 자체만으로 직접적이고 구체적인 권리를 발생시키지 못하고, 국회가 그 기본권을 보장하기 위한 개별 법률을 제정하고 예산을 배정해야 비로소 구체화되기 때문이다. 마치 긴급재난지원금 지급과도 같다. 예산의 제약하에서 행정부와 입법부가 구체적인 계획을 세우고 지급 대상과 요건을 정해서 법률과 시행령을 만들고 제도가 시행될 때, 비로소 모든 요건이 충족되었는데 왜 나한테는 지급하지 않느냐고 소송을 제기할 수 있을 따름이다.

물론 헌법 교과서에는 국가가 입법 등 사회적 기본권을 보장하기 위한 최소한의 노력도 하지 않는 경우 헌법소원을 제기할 수 있다는 설명이 있지만, 내가 이미 가진 권리를 침해하는 행위에 대해 소송하기도 쉽지 않은 일인데, 하물며 아직 현실적으로 구체화되지 않은 권리를 가지고 왜 국가가 할 일을 제대로 안 하느냐며 '부작위不作爲'에 대해 소송을 내서 이기는 일이 쉽겠는가. 우리 헌법재판소가 부지런히 일하고 있지만 자유의 침해, 평등의 침해에 대한 판례가 대부분이고 '인간다운 생활을 할 권리' 같은 사회적 기본권 침해에 대한 판례는 적다.

예외가 있다면 근로자의 단결권, 단체교섭권, 단체행동권, 즉 노동3권이다. 이는 아주 구체적이고 현실적인, 살아 있는 권리로서 수많은 판례에 등장한다. 하지만 노동3권은 사회적 기본권의 하나로 보통 분류되기는 하나, 그 본질은 자유권이다. 집회·결사의 자유와 마찬가지로 사람들이 모여서 스스로 자신의 권리를 지키기 위해 싸울 자유이지, 국가가 예산을 들여서 노동자들을 위해 적극적인 조치를 취하라는 권리가 아니다. 루스 베이더 긴즈버그 전 미국 대법관이 여성 차별에 대해 한 말을 인용하여 표현하자면, 노동자들에게 어떤 특혜를 달라는 게 아니라, 그저 노동자들의 목을 밟고 있는 발을 치워달라는 권리인 것이다. 반면, 국가를 상대로 적극적으로 돈도 써가면서 뭔가를 하라고 요구하는 종류의 사회적 기본권은 노동3권만큼 현실적인 권리로서 활약하고 있지 못하다.

예전 내가 처음 헌법을 공부하던 법대생 시절에는 '생존권적 기본권은 프로그램적 권리에 해당한다'는 식의 표현을 종종 볼 수 있었다. 사회적 기본권은 재판상 청구할 수 있는 구체적 권리가 아니라, 단지 입법자의 입법 방향을 제시하는 선언적 규정에 불과하다는 뜻이다. 젊은 시절의 나는 왠지 '프로그램적 권리'라는 말이 싫었다. 아름다운 말은 다 적어놓고 프로그램이라니. 대체 그놈의 프로그램은 언제 볼 수 있는 건데. 생존이 프로그램이냐.

결국 사회적 기본권은 이를 구현하는 구체적인 입법에 의해 생명력을 얻는다. 헌법 교과서에는 사회적 기본권에 대한 설명이 자유권, 평등권 못지않은 분량으로 적혀 있음에도 불구하고 내가 이 책에는 재미없어서 쓰지 못하는 이유는 그 설명이라는 것이 죄다 '국가는 ~하여야 한다'는 당위에 그치는 경우가 대부분이기 때문이다. 그 말은 곧, 아직 사회적 기본권을 채우는 구체적인 법률들이 충분하지 못하다는 뜻이다.

물론 국민에게 사회적 기본권을 보장하기 위한 조치들은 막대한 예산을 필요로 하는 것들이다. 복지제도가 세계 최고 수준으로 발전한 일부 국가들을 제외하고는 어느 나라나 사정이 크게 다르지 않다. 헌법에 아름다운 약속들은 써놓았으되 모든 국민에게 실질적으로 이를 보장하지는 못하고 있다. 아직 국가가 그럴 만한 경제력을 갖추고 있지 못하다는 이유에서다. 하지만 경제력을 갖추었다 하더라도 국가의 정책 목표는 여러 가지다. 어느 나라든 국방 예산이 최우선 순위다. 전쟁의 위협이 없는 세상이 되기 전까지는 국민의 '인간다운 생활을 할 권리'는 아직 사치라는 논리다. 그럴 수도 있다. 하지만 대체 언제 그런 세상이 올까. 오기는 오는 걸까. 사실은 평계 아닐까. 아직도 인간 세상은 대부분 국가 안보, 경제 발전, 민족의 융성, 선진국 진입 등 여러 가지 평계를 내세우면서 '인간의 존엄성'을 구현하기 위한 실질적인 권리인 사회적 기본권에게 우선순위를 양보하라고 하는 단계에 머물러 있다.

하지만 인간의 존엄성은 누구에게도 양보할 수 없는 최우선의 가치다. 그게 '존엄'의 의미다. 인간이 존엄하게 살기 위해 필요한 사회적 조건들이 당연한 천부인권으로 받아들여지고 실질적으로 보장되는 사회가 이룩될 때, 비로소 헌법은 세상에서 완성된다.

## 인간의 존엄성은
# 감수성이다

헌법을 이야기하다가 갑자기 감수성이라니, 갱년기 호르몬 변화인가요? 네, 맞습니다, 맞고요. 그 영향도 있을 거예요. 저 원래 칼같이 논리적이고 약간 시크하게 냉소적인 글 좋아하는 사람이었는데 왠지 그런 식의 글쓰기가 잘 안 되네요. 그런데 그 이유 중에는 이런 점도 있을 거예요. 인간의 존엄성이란 원래 칼같이 정밀한 논리로 논증하기 어려운 주제라는 점이요. 먼저 느끼셔야 됩니다. '그래도 이건 아니지!'라며 불끈 뭔가 치밀어오르는 감정을요.

진짜로 그렇다. 「모든 인간은 존엄하다는 약속」에서 밝혔듯이, 나는 인간의 존엄성이란 결국 인간들끼리 서로를 존엄하게 취급하기로 약속하기 시작한 데서 출발한다고 생각한다. 그리고 그 약속의 바탕에는 동료 인간들의 비참한 처지에 본능적으로 울컥하는 감정이 존재한다. 이 감정을 가장 잘 설명한 사람이 맹자라고 생각한다.

『맹자』 「공손추편」에 이르기를 "불쌍해하는 마음이 없으면 사람이 아니고, 불쌍해하는 마음은 어짊의 근본"이라고 했다. 불쌍해하는 마음, 측은지심이 인간의 본래 타고난 본성인 사단四端 중의 으뜸이라는 것이다. 맹자는 정치도 이 마음으로 해야 한다고 했다. '사람은 모두 사람에게 차마 못하는 마음이 있다. 왕이 다른 사람에게 차마 못하는 마음이 있으면, 백성에게 차마 못하는 정치가 있다. 그 마음으로 정치를 행하면 손바닥 위에 놓고 움직이듯 천하를 다스릴 수 있다.' 사람에게 해를 가하는 것을 차마 하지 못하고 사람의 불행을 앉아서 차마 보지 못하는 마음, 이 마음으로 정치를 해야 한다는 것이다. '인간 존엄성이 헌법질서와 국정운영의 최고 이념이어야 한다'는 헌법 교과서의 서술보다 훨씬 가슴에 찡하게 와닿는 아름다운 글이다. 그런데 현실엔 왜 차마 못할 짓을 저지르는 정치인들만 가득한 것인지……

헌법의 약점은 태생적으로 이성과 논리에만 바탕을 두고 있다는 점인지도 모르겠다. 근대 헌법을 발전시킨 유럽의 천재들은 이성을 신봉하는 합리주의의 사도들이었고, 기본적으로 공리주의자들이었기 때문이다. 최대 다수의 최대 행복을 논하는 공리주의는 이익과 손해, 쾌락과 고통을 산술적으로 비교하고 계산하는 사고방식에 토대를 두고 있다.

이런 사고방식만으로는 사진 한 장이 세계에 던진 충격을 설명하기 어렵다. 2015년 9월 3일 영국의 일간지 인디펜던트는 세 살짜리 소년이 터키 해변에 덩그러니 엎어져 죽어 있는 사진을 게재했다. 시리아에서 태어난 아일란 쿠르디라는 아이였다. 쿠르디 가족은 끔찍한 내전의 참화에 시달리고 있는 고국을 떠나 그리스로 가는 난민선을 탔다. 배는 풍랑을 만나 뒤집혔고 열두 명이 목숨을 잃었다. 쿠르디의 시신은 파도를 타고 해변으로 밀려왔다. 한 손에 잡힐 듯 자그마한 아이가 너무나도 평화롭게, 친구들과 모래사장에서 놀이를 하다가 엎드려 잠깐 잠이 든 듯한 모습으로 차가운 시신이 되어 있는 사진 한 장은 복잡한 중동의 정세, 얽히고설킨 종교 분쟁, 급증하는 난민에 비례하여 함께 급증하는 유럽의 난민 혐오 정서를 모두 뚫고 많은 이들에게 '그래도 이건 아니지 않은가' 하는 충격을 주었다.

다시 한번 『맹자』를 인용한다. '사람들은 모두 사람에게 차마 못하는 마음이 있다고 하는 까닭은 이렇다. 어린아이가 막 우물에 빠진 것을 보면, 모두 놀라고 불쌍한 마음을 가진다. 이는 어린아이의 부모와 친분을 맺으려 함도 아니고, 마을 사람

들과 벗들에게 칭찬받기 위해서도 아니며, 비난을 듣기 싫어서 그러는 것도 아니다.'

인간에게 이런 본능적인 감정이 있기에 숱한 장벽에도 불구하고 보편적 인권을 존중하고 보장하는 방향으로 더디지만 힘있는 변화가 이어져온 것이다.

인권, 기본권의 기초가 되는 영국의 권리장전(1689년), 미국의 버지니아 권리장전(1776년), 프랑스 인권선언(1789년)은 지금 읽어봐도 놀라울 만큼 인권 보장에 충실하다. 하지만 현실은 달랐다. 이 모든 아름다운 인권선언들이 장엄하게 선포된 때로부터 훨씬 뒤인 19세기 초, 당시 최고의 문명국이던 영국에서 탄광의 고용 연령은 4세부터였다. 쿠르디만한 아이가 좁은 갱도를 기어다니며 석탄을 캤던 것이다. 모직 공장에서는 여섯 살짜리 아이들이 하루 12시간에서 18시간을 일했다. 굴뚝 청소부로도 아이들이 선호되었다. 못 먹어서 몸집이 작을수록 더 좋았다. 굴뚝을 드나들기 수월했기 때문이다. 아이들은 굴뚝 안에서 일하다가 질식해서 죽고 타 죽기도 했다. 지금의 잣대로 보면 말도 안 되게 야만적인 일들이었지만, 당시의 교양 있는 영국 신사들은 놀랍게도 이런 일들을 단지 '계약자유의 원칙' '수요 공급의 법칙'에 따라 이루어진 합리적인 결과라고 보았다. 허울 좋은 이성과 논리에 균열을 내기 위해서는 슬프게도 무고한 피가 필요했다. 쿠르디만한 아이들이 숱하게 죽어나가고 나서야 '아무리 그래도 이건 아니지 않은 가' 하는 여론이 생겨나기 시작했고 더디게 아동노동을 금지하고 규제하는 공장법이 단계적으로 제정되기 시작했다.

지금 우리는 당시의 영국 신사들과 다를까? '에이, 요즘 밥 굶는 사람이 어디 있고 입을 옷이 없어 헐벗는 사람이 어디 있어?' '굶어 죽는 사람이 흔했던 옛날에 비하면 요즘 가난은 가난도 아니야. 배부른 소리지 뭐.' 통계 수치만 놓고 보면 틀린 말이 아닐지도 모른다.

그런데 그런 식으로 비교하기 시작하면, 왜 우리는 서울 아파트 값이 비싸다고 난리를 치는 걸까? 석기 시대 사람들이 살던 동굴에 비하면 무허가 판잣집도 5성급 호텔만큼 안락한데? 인간은 사회적 동물이고 우리는 매 순간 현재를 산다. 누구든 지금 현재, 자기가 속한 사회 안에서 기준점을 찾을 수밖에 없다. '인간다운 생활을 할 권리'에서 중요한 것은 무엇이 인간다운 생활인가, 라는 기준점이다. 시대가 바뀌면서 이 기준점이 올라가는 것은 배부른 소리가 아니라 사회의 발전이다. 아니, 배부른 소리라고 불러도 상관없다. 배부른 소리가 인간사회를 발전시켜왔기 때문이다. 결핍이 변화를 낳는다. 모두가 현재에 만족하고 머무른다면 인간은 아직도 동굴 안에서 나뭇가지 모아 불 피우며 살고 있었을 것이다.

인간의 존엄성이란 전쟁이나 대량학살, 난민촌에서나 비

로소 찾게 되는 가치가 아니다. 이제 누구나 인정하는 선진국이 된 대한민국의 일상에서도 인간 존엄에 대한 감수성은 작동해야 한다. 전염병과 싸우는 게 아무리 중요하더라도 성소수자가 주로 드나드는 클럽에 누가 어느 날 들렀는지, 누가 언제 어느 모텔에 들렀는지까지 알 수 있도록 개개인의 동선이 공개되는 상황이 아무 문제 없는지 고개를 갸우뚱하게 되는 마음. 중학교에 다니는 여학생이 생리대 살 돈이 없어 운동화 깔창을 대신 사용하고 있다는 일을 알게 되고는 앞뒤 따질 겨를도 없이 '아유 어째! 그래선 안 되지!' 하는 소리가 터져나오게 되는 마음. 학생들에게 점심 한끼라도 무료로 먹을 수 있게 해주되, 이왕이면 사춘기 아이들의 자존감까지 배려해서 누구는 돈을 내고 먹고 누구는 무료로 먹는지 알 수 없도록 제도를 만들어보자는 마음. 이런 마음들이 인간을 존엄하게 대하는 사회를 만든다.

인간을 존엄하게 대하는 사회는 제도만으로 건설할 수 없다. 밥은 굶지 않게 최소한의 먹을 것은 국가가 지급하고 있지 않느냐, 뭘 더 바라느냐 감사할 줄 알아야지. 이런 마음이 지배하는 사회는 아무리 사회복지제도가 잘되어 있다고 하더라도 그 수급자들을 동냥하는 걸인으로 취급하는 사회다. 인간다운 생활을 할 권리는 헌법상 기본권이다. 당연한 권리를 행사하는 기본권의 주체로 보느냐, 남들의 동정을 받는 대상으로 취급하느냐는 하늘과 땅만큼 다르다.

이 차이를 잘 보여주는 영화가 있다. 켄 로치 감독의 〈나, 다니엘 블레이크〉다. 40년간 목수로 일했던 다니엘은 심장질환으로 일자리를 잃고 질병수당을 신청하지만 거부당한다. 이유를 물으러 고용지원센터에 전화를 걸지만, 1시간 48분 동안 대기음악 소리를 들으며 기다리고 또 기다려야 겨우 '사람'과 통화할 수 있다. 직접 센터를 찾아가지만 자신의 병세를 스스로 입증하라는 공무원들의 요구는 매뉴얼에는 부합할지 몰라도 실제로 몸이 아픈 다니엘에게는 불가능에 가까운 요구일 뿐이다. 게다가 복잡한 신청서류들은 전부 컴퓨터와 인터넷을 활용해서 작성해야 하는데 나이든 다니엘에게는 암호 풀이만큼이나 어렵다. 질병수당 대신 실업수당을 청구하려 했더니 이번에는 '구직 활동'을 하고 있다는 소명자료를 내야 한단다. 몸이 아파 일을 할 수 없어 찾아온 이에게 일자리를 구하는 활동을 소명해야 실업수당을 준다는 어이없는 시스템 앞에 항변해보아도 무력할 뿐. 결국 다니엘은 아픈 심장을 부여잡고 구직 활동을 하러 돌아다니고, 수당 신청 거부 결정에 대해 항고하고, 잡히지 않는 항고일 배정을 기다리다가 더이상 참지 못하고 고용지원센터 담벼락에 큼직큼직하게 쓴다. "나, 다니엘 블레이크. 굶어 죽기 전에 항고일 배정을 요구한다. 상담전화의 망할 대기음도 바꿔라." 마침내 항고가 받아들여지지만, 재판 당일 그는 심장마비로 숨을 거둔다.

　사람이 죽든 말든 정해놓은 매뉴얼과 절차가 더 중요한 관료주의가 지배하는 사회에는 제도는 있을지 모르되 인간을 존엄하게 생각하는 '마음'이 결여되어 있다. 사람에게 차마 해를 가하지 못하고 사람의 불행을 앉아서 차마 보지 못하는 마음, 이 마음으로 정치를 해야 한다는 맹자의 오래된 가르침이 어쩌면 인공지능과 알고리즘, 복잡한 시스템으로 가득한 21세기에 더욱 필요한 헌법적 감수성일지도 모르겠다.

2부

# 유별날 자유,
# 비루할 자유,
# 불온할 자유

———

우리는 서로를 볼 때
흐린 눈을 뜨고 볼 필요가 있다.

# 법치주의라는
# 사고방식

자유에 관해 이야기하려면 먼저 법치주의에 대해 이야
기하지 않을 수 없다. 그 둘이 무슨 상관이냐고? 법치주의란
시민의 자유를 보장하기 위한 수단으로서 발전했기 때문이다.
법치주의는 자유주의와 떼어놓고 생각할 수 없다. 내가 널 지
켜줄게! 하는 애틋한 사이인 것이다.

이 둘이 이렇게 애틋하고 달달한 사이라는 게 영 믿기지
않고 어색한가? 그럴 만도 하다. 둘 사이에 관한 서양과 동양
의 스토리텔링이 완전히 다르고, 우리는 동양 문화권에 속해
있기 때문이다. 동양에서는 법치주의 하면 법가法家 사상을 연
상하기 마련이다. 중국 전국 시대, 특히 그 무시무시한 진시황
시대를 지배했던, 도덕보다 법을 중하게 여겨 형벌을 엄하게

하는 것이 나라를 다스리는 근본이라고 주장한 사상이다. 법치주의라니 법法에, 다스릴 치治에 뭔가 꼰대스럽고 억압적인 스멜이 물씬하니 법가 사상을 연상할 법도 하다.

하지만 오해다. 서양의 법치주의는 동양의 법가 사상과 완전히 반대의 역사적 맥락에서 발전한 개념이다. 영국의 전제왕권을 견제하기 위한 오랜 투쟁 과정에서, 왕의 변덕과 횡포로부터 국민의 자유를 보장하려면 왕의 지배가 아닌 국민의 대표가 제정한 '법의 지배rule of law'가 이루어져야 함을 주장하고 관철해낸 데서 유래한 것이다. 다행스럽게도 우리 헌법질서는 진시황을 따르고 있지 않다.

앞으로 살필 법치주의의 여러 가지 특징 역시 그 역사적 맥락에서 생각해보면 이해하기 쉽다. 법치주의는 전제왕권이 자의적으로, 즉 제멋대로 국민의 자유와 재산을 박탈하는 것에 제약을 가하기 위해 발전했다. 그런데, 21세기인 지금 중세적인 전제왕권을 유지하고 있는 국가는 그리 많지 않다. 형식적으로라도 민주주의를 도입한 나라가 대부분이다. 그중에서도 우리나라 정도면 상당히 높은 수준의 민주주의 국가라고 볼 수 있다. 외국 법조인들을 만나면 듣게 되곤 하는 이야기가 있다. 한국은 대단한 법치주의 국가라는 이야기다. 현직 대통령에 대해 두 번이나 탄핵 심판이 열렸고, 그중 한 번은 탄핵 결정이 이루어졌는데 어떠한 유혈 사태도 없이 법치주의 시스템 내에서 정해진 절차에 따라 정권이 바뀌었다는 것이다. 이 것이 가능한 나라는 전 세계를 통틀어 몇 되지 않는다. 아직 전제군주에 가까운 독재자들이 통치하는 나라도 많다.

그렇다면 전제군주가 존재하지 않는 민주주의 국가에서 법치주의는 어떤 의미일까? 여전히 중요한 의미를 갖는다. 다 수결에 기반한 민주주의 역시 자칫하면 폭군으로 돌변할 수 있기 때문이다. 민주주의와 법치주의가 형식적, 절차적으로만 작동한다면 얼마든지 민주적이고 합법적으로 독재자가 출현 할 수 있다. 히틀러가 민주주의 시스템 내에서 다수의 지지를 얻어 합법적으로 독재 정권을 창출했던 것과 같은 사례가 얼 마든지 벌어질 수 있다. 도널드 트럼프의 집권 과정과 집권 이 후에 벌어졌던 일들을 생각해보라. 우리나라라고 다를까?

인터넷과 소셜 미디어로 대중의 여론을 바로바로 파악할 수 있게 된 정보화 사회에서는 대중 자체가 독재자처럼 행동 할 수도 있다. 성급한 여론몰이로 마녀사냥을 하고, 진영 논리 에 따른 편가르기로 상대를 공격하고, 자신들의 근거 없는 혐 오 감정을 다수의 뜻으로 정당화하며 소수자들을 억압할 수 있다. 여기에 영합하는 정치인들이 다수의 뜻이라며 소수자를 억압하는 법률을 양산하는 일도 생길 수 있다. 법률만능주의, 법 포퓰리즘, 법률에 의한 독재가 횡행할 수도 있는 것이다.

대중민주주의 사회에서 다수의 변덕과 횡포로부터 소수를

보호하기 위해서는 정치권력뿐 아니라, 시민들 사이에도 법치주의에 기반한 사고방식이 뿌리내려 있어야 한다. 이제 법치주의는 단순히 제도여서는 안 된다. 사고방식이어야 하는 것이다. 법치주의는 법이면 뭐든 다 할 수 있다는 의미가 아니다. 그 누구든 권력을 함부로 행사하지 말고 항상 신중해야 한다는 의미를 담고 있다. 이러한 생각을 시민들이 공유하고 있는 사회가 진정한 법치주의 사회다.

'법치주의라는 사고방식'의 주요 특징들에 대해 이야기해보려 한다. 다른 말로 표현하자면 '법학적 사고방식'이기도 하고, 판사들이 재판할 때 명심해야 하는 사고방식이기도 하다. 미리 경고하자면, 그다지 화끈하지 않고, 사이다 같지도 않고, 좀 답답하고, 짜증나고, 가끔 불편하다. 인기 있을 리 없는 특징들이다. '핵인싸' 스타일이 아니다. 인기 있었다면 굳이 이런 글을 쓸 필요도 없다.

첫번째는 신중함이다. 상대방 입장도 들어보아야 한다. 증거 없이 함부로 믿지 말아야 한다. 판사들이 배우자에게 인기 없는 이유다. 배우자가 어떤 일 때문에 한참 흥분해서 이야기하고 있을 때 본능적으로 직업병이 발동하곤 한다. 그건 이쪽 얘기고, 반대쪽 얘기는 들어봤어? 증거는 있대? …물론 이러다 경을 치곤 한다. 하지만 사회적으로는 필요한 사고방식이다. 특히 사람들의 주의력이라는 한정된 자원을 놓고 끝도 없이 많은 매체가 경쟁을 벌이는 미디어 환경에서는 더더욱 중요하다. 인간은 본능적으로 자극적이고 선명한 주장에 주의력을 빼앗기기 쉽다. 의식적으로 경계할 필요가 있다.

주장보다는 증거, 신념보다는 과학, 감정보다는 이성에 무게를 두고 유보적이되 지속적인 관심을 갖고 논쟁적인 이슈에 접근해야 한다. 답답하고 어렵지만 보다 안전한 길이기 때문이다. 인터넷에 올라온 기사 몇 줄만 보면 뻔해 보이는 일을 갖고 경찰과 검찰을 거쳐 1심, 2심, 3심까지 재판을 하도록 시스템을 만든 데는 이유가 있다. 신속하고 손쉬운 정의를 위해 사람을 물에 던져 가라앉는지 뜨는지로 마녀인지 여부를 판단했던 역사가 있기 때문이다. 예전엔 참 미개했었다고 비웃지만, 마녀사냥은 지금 이 순간도 인터넷 여기저기서 새로운 방식으로 이루어지고 있다.

법치주의 안에서 신중함이라는 가치는 먼저 무죄추정의 원칙으로 표현된다. 증거로 입증되기 전까지는 함부로 단정하지 말고 주의깊게 지켜보기. 쉽지 않지만 필요하다. 지금 돌을 던지고 있는 나 또한 언젠가 억울하게 돌을 맞을 수 있기 때문이다.

신중함은 법적 안정성으로도 표현된다. 법적 결론이 변덕스럽게 휙휙 바뀌면 시민들은 자신의 행동이 적법한지 법에 위반되는지 판단하기 어려워진다. 자유는 금지되지 않은 모든 것이고 법은 최소한의 금지여야 한다. 그런데 금지의 범위가 고무줄처럼 늘었다 줄었다 하면 시민들은 자유로울 수가 없다. 법은 정의로워야 하지만, 동시에 예측 가능해야 한다. 신중하지 않은 선의는 왕의 변덕과 다를 것이 없다.

두번째는 상대주의다. 절대를 고집하지 않는다. 법학은 실용적인 학문이다. 법은 인간사회의 분쟁을 해결하기 위한 도구이지 그 자체가 목적이 아니다. 영원히 결론이 나지 않는 근본적인 질문들만 햄릿처럼 반복하고 있을 수 없다. 인간 세상에 백 퍼센트 명확한 일은 드물지만 법정에서는 언제나 승패를 가려야 한다. 판사는 모르겠다는 이유로 재판을 거부할 수 없다.

명확한 정답이 없는 인간 세상에서 언제나 결론을 내려야 한다면? 방법은 하나다. 주어진 조건하에서 그나마 상대적으로 안전한 선택을 하는 것이다. 최선이 없으면 차선, 최악보다는 차악, 최대한까지는 힘들면 최소한은 무엇인지 포기하지 말고 논증하고, 논증한 끝에 결론을 내려야 한다. 결론을 내리지 못하고 분쟁을 방치하는 것 자체가 더 큰 문제이기 때문이다. 지더라도 결론이 나면 여하튼 일단 그 일은 마무리하고 다음으로 나아갈 수 있다. 그런데 결론이 나지 않은 채 세월만 간다면 영원히 거기에만 매달려 있어야 한다. 불확실성은 패배 이상의 고통이다. 인생을 좀먹는다. 기업의 경우에는 더 심

각하다. 자연과학 수준의 정밀한 결론을 위해 재판을 십 년간
하고 있으면 그사이에 기업은 망한다. 차라리 현재 수준에서
의 결론을 빨리 내주어야 손절할 기회라도 있다.

사랑하는 가족에게 큰 병이 생긴 경우를 생각해보자. 이런
상황에서 합리적일 수 있는 사람은 드물다. 정말 뭐라도 하고
싶다. 개 구충제를 먹여서라도, 기 치료를 받게 해서라도, 굿을
해서라도, 안수기도를 받게 해서라도 기적을 만들고 싶다. 속
시원한 완치를 약속하지 못하는 현대 의학은 미덥지 않다. 온
통 오진, 의약품 오용, 의료사고만 눈에 들어오고 현대 의학이
라는 게 아직도 해명하지 못한 것투성이 아니냐며 불가지론에
빠지게도 된다. 그 의심이 다 맞을 수 있다. 완전한 치료법은
없다. 부작용 없는 치료법도 없다. 그렇다고 모든 치료를 거부
하는 것이 최선인가? 그나마 현재 수준에서 상대적으로 치료
확률이 높은 방법이라도 시도하는 게 낫지 않을까?

법정에서 내리는 결론 역시 다르지 않다. 오류 가능성을
전제로 한 상대적인 결론인 것이다. 절대적 진실을 추구하다
가 영원히 어떤 결론도 내리지 못하는 사태를 막기 위해 법은
'입증책임'이라는 장치를 고안해두었다. 기본적으로 분쟁의 양
당사자에게 각자 자신에게 유리한 사실을 증거로써 입증할 책
임을 부여한 후, 재판에서 이를 입증하지 못하면 그 사실은 존
재하지 않는 것으로 취급해 배제하고 입증된 사실들만으로 결

론을 내리는 것이다. 입증 과정 역시 끊임없는 비교의 연속이다. 어느 쪽이 제시한 증거가 더 신빙성이 있느냐에 대한 상대 비교 끝에 더 우월한 증거를 제시한 쪽이 이기게 된다. 그렇기에 겸허해야 한다. 100대0으로 이긴 것이 아니라 51대49로 이긴 것에 불과하기 때문이다.

세번째는 절차적 정당성이다. 이는 분쟁 당사자 모두를 인정하고 존중하는 데서 출발한다. 옳고 그름, 선악, 피아의 흑백논리로 접근하는 것은 전쟁의 논리이거나 종교의 논리지 법의 논리가 아니다. 법치주의는 어느 한쪽을 악으로 몰아 청산하려는 태도와는 맞지 않는다. 법은 기본적으로 혁명이 아닌 점진적 개선, 전쟁이 아닌 평화, 굴복이 아닌 타협을 추구한다. 이런 점에서 보수적이라고 부를 수 있다.

양쪽 모두를 인정하는 데서 출발하기 때문에 '절차'가 중요해진다. 법치주의의 핵심은 권선징악이 아니다. '적법 절차'다. 앞에서 언급한 가치상대주의, 법적 안정성, 중립성 등을 보장하기 위해 법은 절차를 중심으로 발전해왔다. 가치를 중심으로 하면 모두가 동의할 수 있는 원칙을 도출하기 어렵기 때문이다. 각자의 입장이 다르고 생각이 다르고 이해관계가 충돌하는 상황에서 어떻게 상대를 승복시킬 수 있겠는가. 사실 인간사회 분쟁의 본질은 총만 안 들었지 전쟁이나 다름없다. 법은 그 전쟁에 최소한의 교전 수칙을 제공한다. 아무리 독일

군과 영국군이 서로 죽이고 있어도 포로는 어떻게 처리할지, 부상자에 대한 최소한의 인도적 조치는 어떻게 할지 등에 관해서는 서로 약속할 수 있는 것이다.

자신이 옳다고 생각하는 결론을 위해 절차를 무시하는 것은 반칙이다. 반칙에는 대가가 따른다. 정의를 위해서라면 수단과 방법을 가리지 않겠다는 열정은 '내로남불'이라는 비난과 함께 부메랑처럼 그 대가가 자신에게 되돌아온다. 교전 수칙을 어긴 이상 상대방이 이를 준수해줄 것을 요구할 수는 없는 노릇이다. 이렇게 되면 어느 한쪽이 전멸할 때까지 개싸움을 벌일 수밖에 없다. 그 과정에서 자신이 옳다고 생각하던 가치조차 쓰레기통에 던져지게 된다.

그래서 법은 때로는 진실보다 절차적 정당성을 우선시한다. '위법수집증거배제법칙'이 그 한 예다. 위법하게 얻은 증거는 아무리 진실에 부합한다 하더라도 재판에서 증거로 사용하지 못한다는 원칙이다. 비록 그것이 뻔뻔한 악인을 처벌할 수 있는 유일한 증거라 해도, 국가권력이 위법한 수단을 통해 얻은 증거를 이용해 처벌하는 것은 허용될 수 없다. 악인을 보호하기 위함이 아니다. 그러지 않아도 강력한 국가권력에게 정의의 이름으로 위법한 수단까지 허용한다는 것은 나머지 시민들 또한 위험에 몰아넣는 일이기 때문이다. 권력이 조작된 증거를 통해 무고한 개인에게 올가미를 씌우는 일을 막으려면 절차적 정당성을 엄격하게 요구할 수밖에 없다.

개인과 개인 사이에서 벌어지는 민사소송에도 '실기失機한 공격방어방법의 각하'라는 제도가 있다. 타당성 있는 주장이나 증거라 하더라도 상대가 대응할 여유를 주지 않기 위해 일부러 숨기고 있다가 재판 종결 직전에 기습적으로 제기하면 재판장이 이를 채택하지 않을 수 있는 것이다. 이기는 것만이 중요한 것이 아니다. 상대방을 승복시킬 수 있는 승리가 중요하다. 반칙으로 얻은 승리는 분쟁을 종결하지 못한다. 서로 반칙에 반칙으로 되갚다보면 영원히 싸움은 반복될 뿐이고, 지금 이겼다고 해도 영원히 이길 수 있다는 보장은 누구에게도 없다. 개인 간의 싸움에도 절차적 정당성이 중요한 것이다.

법치주의적 사고방식에 관한 이 이야기들이 뻔하고 고루하게만 들릴지도 모르겠다. 그렇다면 생각해보자. 이 모두를 무시하는 사고방식이 큰 힘을 얻은 사회의 모습을.

과학적·객관적 증거보다 내 편의 정파적 이익을 우선시하고, 보편적 이성보다 분노 감정과 혐오 감정을 우선시하고, 내 편이 선이고 상대방은 악이니까 선이 승리하는 것이 중요할 뿐 수단과 방법의 정당성을 따지는 것은 위선이고 나약함에 불과하다는 사고방식. 정치 세력이 이런 사고방식을 공공연히 유포하고, 대중이 이에 동조하는 모습은 21세기에도 여전히 건재하다. 아니, 유감스럽게도 지구 곳곳에서 더욱 힘을 얻어가고 있다. 우리라고 다르다고, 다를 것이라고 자신할 수 있을까. 답답하고 지루한 법치주의가 사망한 곳에는 속시원하고 화끈한 파시즘이 독버섯처럼 피어나기 마련이다. 그리고 파시즘이 득세한 곳에 개인의 자유가 설 자리는 없다. 법치주의는 개인의 자유를 지켜주는 최후의 보루인 것이다.

제46대 미국 대통령 선거 승리 연설에서 카멀라 해리스 부통령 당선자는 국민들에게 이렇게 말했다.

여러분은 희망, 통합, 품위, 과학, 그리고 진실을 선택해 주셨습니다You chose hope, unity, decency, science, and, yes, truth.

남의 일로만 보지 말고 이 선택의 의미를, 그리고 이 선택에 의해 쫓겨난 자가 행했던 일들을 잊지 말아야 한다.

## '자유'의
## 연대기

　자유에 관한 이야기의 문을 법치주의로 열었다. 그만큼 양자의 관계가 긴밀하기 때문이다. 법을 공부한 사람들은 '법치주의'라는 단어를 보는 순간 조건반사적으로 '자유주의'를 떠올리곤 한다. 워낙 객관식 시험에 단골로 출제되는 항목이기도 하다. 다음 중 법치주의와 가장 관계가 깊은 것은? 하는 식으로. 그런데 그런 시험을 잘도 통과해서 법조인이 된 사람들이 정치판에만 가면 '법치'를 국민의 자유와 아무 관계 없는 공포정치의 수단처럼 치부하곤 하는 것이 미스터리이긴 하다.

　법 공부하고 법조인으로 살았던 사람들도 잊어버리는 걸 보면, 법치주의와 자유의 관계는 그리 쉽게 와닿지 않는 것인가보다. 그래서 한번 작심하고 둘 사이의 오래된 관계를 차근

차근 살펴보기로 한다. 자유의 역사는 법치주의의 역사이기도 하다. 둘은 불알친구를 넘어 이란성 쌍둥이 같은 사이다.

자유는 태초부터 인간이 가지고 태어난 권리, 즉 천부인권이라고 하지만, 정직하게 말하자면 역사의 산물이다. 여기서 말하는 자유란 철학적 개념으로서의 자유가 아니라 헌법이 보장하는 기본권으로서의 자유를 일컫는다. 헌법 자체가 역사의 산물이기 때문이다.

생각해보라. 인류는 그 역사 내내 신분제와 종교의 지배 하에 있었다. 타임머신을 타고 다양한 시대, 다양한 나라로 시간여행을 갈 수 있다고 상상해보자. 그 시대 사람들에게 '모든 인간은 자유롭다'고 말했을 때 동의 내지 이해를 받을 수 있을 확률은 굉장히 낮다. 오히려 정신이상, 반역자, 신을 모독하는 이단으로 취급받아 투옥되거나 살해될 가능성이 높다.

최초의 자유는 귀족 계급의 자유였다. 프랑스와의 연이은 전쟁으로 부과되는 막대한 세금, 그리고 존 왕의 무능과 실정을 견디다 못한 영국 귀족들이 1215년 무장 반란을 일으켜 왕을 겁박한 끝에 얻어낸 타협 문서 「마그나 카르타(대헌장)」가 헌법적 자유의 기원이다. 자유를 보장받고자 한 주체도, 그 대상도 한정적이다. 귀족들이 왕의 억압에 대해 자신의 권리를 지키고자 한 것이다. 보장받고자 한 내용은 주로 신체의 안전과 재산권의 보장이다. 이미 자신의 영지와 농노를 보유하고 있는 귀족들은 정신 나간 왕이 갑자기 자신을 체포하여 런던 탑에 가두고 목을 자르거나 말도 안 되는 세금을 갑자기 부과하는 것이 최대의 공포였다. 그 외에는 대체로 자기가 알아서 잘 먹고 잘살 수 있었다.

한 가지 더한다면 교회의 자유였다. 현세에서 신의 은총을 받으며 살려면, 그리고 신의 눈 밖에 나서 내세에 지옥에 가지 않으려면 교회와 성직자를 잘 모셔야 했기 때문이다. 동맹 세력도 끼워줄 필요가 있었다. 반란 귀족들이 무장하고 런던으로 진군했을 때 런던 시민들이 동조했기 때문이다. 런던 시민들은 농노가 아니라 부를 축적하기 시작한 상인 계급이었다. 여기까지가 「마그나 카르타」가 보장한 자유의 주체들이다. 당시 영국민의 대부분을 차지했던 농노들은 포함되지 않았다.

「마그나 카르타」 63개조 중 자유민은 국법과 동등한 신분을 가진 자의 재판에 의하지 않고는 체포·구금되거나 재산을 박탈당하지 않는다는 39조가 핵심이다. 법치주의의 기원이기 때문이다. 거칠게 말하자면 법은 태생적으로 폭군으로부터 귀족, 성직자, 부자 들의 자유와 재산을 보호하기 위해 만들어졌다고 할 수 있다. 냉정한 현실이다. 자유는 스스로 무장하여 압제자와 싸운 이들에게만 보장되었다. 남을 위해 피 흘리며 싸우는 인간은 드물다. 이후의 역사를 통해 자유의 주체가 확장된 것은 인류가 저절로 고결하고 이타적으로 변화했기 때문이 아니다. 전선이 확대되고 스스로 무장하여 싸우는 자들의 범위가 넓어졌기에 전리품을 향유하는 주체도 늘어난 것이다.

잊혀가던 「마그나 카르타」는 17세기부터 다시 주목받기 시작했다. 영국의 스튜어트 왕조는 다시 전제왕권을 꿈꾸며 왕권을 강화하였고, 이에 대항하는 의회는 국왕과 대립하게 되었다. 귀족 계층의 법률가들과 새로 등장한 중산층 토지 소유 계급인 젠트리들이 「마그나 카르타」를 영국 정치의 오랜 관습법으로 인용하면서 왕권이 법에 종속되어왔음을 주장한 것이다. 이 흐름은 명예혁명과 권리장전으로 결실을 맺었고, 다시 18세기에 바다를 건너 미국으로 건너가 미국 독립선언의 씨앗이 되었다. 신흥 자산 계급인 시민들이 왕에 대항한 귀족들의 협력자를 넘어 귀족들까지 포함한 구체제 전체를 자유의 적으로 돌리고 무장하여 일어선 것이 프랑스대혁명이고, 그 결과 자유는 시민 계급의 전리품이 되었다.

자유와 이를 보장하기 위한 법치주의가 특정 시대, 특정 계급의 전리품으로서 발전했다는 역사성은 시민혁명으로 만들어진 헌법질서가 유지되고 있는 현재까지도 영향을 미친다. 지금도 자유와 법의 보호를 가장 높은 수준으로 향유하는 집단은 「마그나 카르타」 시대와 크게 다르지 않다. 세금을 내지 않으면서도 당당하고, 전 국민의 안전이 위협받는 보건 위기에도 자신들의 자유가 우선이라고 주장하며 대규모 집회를 주최하는 것은 중세의 성직자 계급에 해당하는 종교집단들이다. 범법 행위를 하고도 최고 법률가들의 조력을 받아 신체의 자유를 지킬 수 있는 것은 상인이자 자산 계급인 회장님들이다 (다만 휠체어에 잠시 앉아 있는 부자유 정도는 감수하신다). 법전에 있는 모든 피고인의 권리를 전에는 본 적 없는 수준으로 주장해 관철시키며, 몇 년이고 재판을 끌어갈 수 있는 것은 과거의 법복귀족 계급에 해당하는 전현직 고위 법관들이다.

문제는, 역사적으로 '자유'란 현재 상태에서 누가 내 발목을 잡지만 않으면 내 능력껏 잘 먹고 잘살 수 있는 계층의 욕구라는 점이다. 모든 사람들이 방해만 없으면 행복을 추구하며 잘살 수 있는 사회라면 자유만으로 충분하게 된다. 하지만 유감스럽게도 인류는 아직 한 번도 그런 단계에 도달해보지 못했다. 주어진 조건이 너무나 다른 상황에서 온전히 자기 능력만으로 원하는 자원을 충분히 얻을 수 있는 사람은 소수다. 그렇지 못한 사람들에게는 '생존'과 '평등'이 우선하는 가치가 된다. 몸 하나 누일 곳 없는 빈자에게 거주이전의 자유가 무슨 의미이겠으며 막노동 외에는 일자리를 찾을 수 없는 실업자에게 직업 선택의 자유가 무슨 의미일까.

이런 현실을 반영하여 영국의 사상가 이사야 벌린은 자유를 두 가지로 분류했다. '소극적 자유'는 전통적인 의미의 자유다. 타인에 의한 간섭, 구속의 부재를 의미한다. 이에 반하여

'적극적 자유'는 개인이 자율적 의지를 바탕으로 원하는 바를 추구하는 자유를 말한다. 몸 하나 누일 곳 없는 빈자 입장에서 적극적 의미의 거주이전의 자유를 누리려면 규제나 구속이 없는 상태만으로는 부족하고, 그 자유를 누릴 수 있는 물적 조건도 필요하다. 주거복지 정책, 분배 불평등의 개선 등이 그것이고, 이를 위해서는 참정권이 보장되어야 한다. 그래서 흔히 '소극적 자유'는 '~으로부터의 자유'로서 근대 자유방임주의 시대에 강조되었고, '적극적 자유'는 '~으로의 자유'로서 현대 복지국가에서 강조되는 개념이라고 설명하기도 한다.

여기까지 읽으면 '적극적 자유'라는 개념이 당연하고도 매력적으로 느껴질지도 모르겠다. 전통적인 의미의 자유가 이를 향유할 조건을 갖추지 못한 계층에게는 허상에 불과하다는 점을 잘 부각시켜준다는 점에서는 분명 의미 있는 개념이다. 하지만 조금 더 생각해보면 갸우뚱하게 되는 점이 있다. 소극적 자유가 간섭, 구속의 부재를 말한다고 설명하지만 여기에는 생략된 부분이 있다. 구속의 부재는 그 자체가 목적이 아니라 수단에 불과하다. 왜 간섭하지 말라고 하겠는가. 당연히 내 멋대로 하기 위해서다. '국가권력 등 타자에 의한 간섭, 구속 없이' '개인이 자율적 의지를 바탕으로 원하는 것을 추구할 수 있는 것'이 곧 자유 아니겠는가. 소극적 자유와 적극적 자유를 합쳐보면 전통적인 의미의 자유 개념과 다를 것이 없다.

원래 자유란 자기가 하고 싶은 대로 할 수 있는 권리 또는 그런 상태를 말한다. 그런데 타자에 의한 간섭, 구속만 없으면 자기가 알아서 이를 누릴 수 있다고 생각하는 입장의 사람들은 '간섭의 부재'를 강조하는 것이고, 그것만으로는 아무것도 누릴 수 없는 입장의 사람들은 '자유를 누릴 수 있는 물적 조건의 분배'를 강조할 수밖에 없다. 결국 자유의 개념이 다른 것이 아니라, 자유를 위해 강조되어야 하는 수단이 다를 뿐이다. 이렇게 보면 '적극적 자유'라는 개념은 특별할 것이 없다. 전통적인 의미의 자유 개념으로 충분하다. '모두가 자유를 누리려면 간섭의 배제만으로는 부족하고 국가의 개입도 필요하며 생존권(사회권)과 참정권이 보장되어야 한다'고 정리하면 족하지 않을까.

이사야 벌린이 자유를 두 가지로 분류한 이유도 실은 '소극적 자유'가 자유의 본래 의미임을 강조하기 위함이다. '적극적 자유'는 종교나 독재자에 의해 악용되어 파시즘의 도구가 될 우려가 있다는 것이다. '자율적 의지를 바탕으로 원하는 것을 추구할 수 있는 자유'라니 참으로 '멋지구리'한 말이지만 이중 '자율적 의지'의 주체를 교묘하게 '신의 뜻' '민족적 사명' '역사의 필연' 등으로 바꾸면 어떻게 될까. '신은 위대하시다'를 외치며 자살폭탄 테러에 나가는 전사는 비로소 자신이 진정 자유로워진다며 희열을 느낀다. 1980년대 학생운동권에서 거의 주기도문 수준으로 반복 학습하던 논리가 자본주의에서의 자유란 방종에 불과하고 진정한 자유란 역사적 필연인 계급혁명에 헌신하는 것이라는 주장이었다.

원래 '진정한'이라는 수식어가 앞에 붙는 물건치고 변질되지 않는 것은 없기 마련이다. '자유'같이 보편적으로 인기를 끌고 있는 오리지널 브랜드가 있는데, 여기에 불만이 있고 다른 것을 강조하고 싶은 이들이 흔히 취하는 전략이 네이밍이다. 기존의 인기 있는 개념을 끌어다 쓰고 그 앞에 '진정한' 또는 '새로운'을 붙이는 것이다. '자유'에는 수식어가 필요 없다. 자유는 때로 편협하고 배타적이고 이기적이지만, 그로 인한 부작용은 평등, 존엄성, 공존 등 다른 가치를 강조함으로써 보완해야지 자유를 재정의하는 것은 곤란하다. 자유란 백지 같아서 다른 것을 덧칠하면 어느새 사라져버리기 때문이다.

자유는 지금 시대에도, 미래에도 그 중요성이 결코 줄어들지 않는 가치다. 오히려 점점 더 중요해지고 있다. 양극화가 극단적으로 심해지는 시대일수록 먼저 부각되는 헌법적 가치는 '평등'이다. 그렇기 때문에 동전의 다른 한 면인 자유의 침해 가능성도 커질 수밖에 없다. 실질적 평등과 복지를 구현하기 위한 국가의 역할이 커지기 때문이다. 국가의 역할에는 '안전 보장'도 있다. 세계화, 정보화가 진전되어 인류가 네트워크로 연결된 초연결 시대에는 위험의 파급력과 속도 역시 극대화된다. 코로나 사태가 비극적으로 입증하고 있듯이. 위험이 커질수록 안전보장을 위해 국가가 개인의 삶에 개입하고 규제해야 할 상황도 늘어난다. 개입할 수 있는 수단은 더욱 강력하고 촘촘해진다. 코로나 확진자의 동선이 시간 단위로 파악되고 공유되는 것을 보면 안심이 되기도 하지만 소름이 끼치기도 하는 것은 이 치밀함이 악용될 가능성에 대한 두려움 때문이다.

자유를 억압하는 주체가 다양해졌다는 점 또한 중요하다. 과거에는 왕이나 귀족이 그 주체였다면 지금은? 국가권력뿐 아니라 빅 데이터를 수집하고 인간 심리와 행동에 영향을 미치는 플랫폼 기업을 비롯한 거대기업들, 양극화의 흐름에서 낙오된 이들을 유혹하여 군림하는 종교집단들, 인터넷을 무기로 익명의 집단으로 뭉쳐 개인을 공격하는 군중…… 억압 주체가 왕이나 귀족뿐이었던 시대에 다져진 법리로 지금 시대의 자유에 대해 논하기 쉽지 않은 이유다.

자유를 억압하는 주체가 다양해졌다는 것은 자유를 억압하는 양상 역시 전에 볼 수 없이 다양해졌다는 의미이기도 하다. 뒤에서 이야기하겠지만 지금 우리가 살아가는 시대에는 표현의 자유, 사생활 보호, 예술의 자유, 영업의 자유 등을 침해하는 주체가 국가권력이 아니라 시민들 자체인 경우가 많다. 영화로 비유하자면 한 명의 강력한 살인마가 등장하는 전통적 슬래셔 무비가 아니라 만인의 만인에 대한 투쟁인 좀비

물에 가까워졌다. 다만 영화와 달리 명예훼손 고소와 무고 맞고소로 싸우며 법정에서 혈투를 벌일 뿐이다. 국민의 알권리라는 명분으로 개인의 사생활을 무차별 폭로하는 유튜버들이 돈벌이 경쟁을 벌이는 과정에서 흔히 일어나는 일들이다. 국가기관이 개인을 상대로 명예훼손 고소를 하기도 하고, 기업은 노조 활동을 막기 위해 노조 간부들을 상대로 손해배상 소송을 내고 봉급을 가압류한다. 원래 자유를 보장하기 위한 수단으로 발전했던 법치주의가 만인의 만인에 대한 투쟁의 도구로 전락하기도 하는 것이다.

「마그나 카르타」 시대로부터 800여 년이 지났지만, 자유를 제대로 누릴 수 있는 물적 조건은 여전히 모두에게 평등하게 분배되지 못하고 있다. 하지만 자유를 침해할 수 있는 주체는 과거보다 훨씬 복잡 다양해지고 침해할 수 있는 수단은 더욱 강력하고 정교해졌다. 쓸쓸하지만 자유의 연대기는 아직 해피엔딩에 이르지 못하고 오히려 위기가 고조되는 단계에 이르렀다. 이런 때일수록 시민사회 내에서 자유의 풍성한 의미를 공유하는 노력이 필요하다. 거대권력으로부터의 자유도 중요하지만, 시민들 서로가 서로의 자유를 소중히 여기는 일도 못지않게 중요한 시대인 것이다.

## 유별날 자유, 비루할 자유,
## 불온할 자유

헌법은 다양한 자유의 카탈로그를 제시하며 이를 보장하고 있다. 신체의 자유, 거주이전의 자유, 직업 선택의 자유, 주거의 자유, 종교의 자유, 학문예술의 자유, 표현의 자유……보기만 해도 배가 불러오는 듯한 풍성한 메뉴판이지만 감동할 필요는 없다. 자유는 국가나 헌법이 우리에게 시혜적으로 베풀어주는 것이 아니라 우리 개개인이 고유하게 원래 가지고 있는 것이기 때문이다.

그중에서도 가장 기본이 되는 자유는 무엇일까. 이동하고, 직업을 갖고, 학문을 추구하고, 뭔가를 표현하고 등등 멋진 무엇을 하기 이전의 원초적인 자유. 그것은 그저 홀로 있는 내 공간 안의 자유, 내 머릿속 생각의 자유일 것이다. 뭘 거창하게 하기 이전에, 태어난 내 모습대로 그저 있을 자유. 드라마 〈미스터 선샤인〉에서 구동매가 슬프게 되뇌던 독백 같은 대사처럼 말이다. "아무것도요. 그저 있습니다, 애기씨."

제17조 모든 국민은 사생활의 비밀과 자유를 침해받지 아니한다.
제19조 모든 국민은 양심의 자유를 가진다.

같은 말도 이렇게 헌법 조문으로 적어놓고 보면 왠지 멋져 보인다. '타는 목마름으로 민주주의여 만세'를 외치는 지식인에게나 걸맞은 권리 같다. 착각이다. 자유는 가치 판단을 하지 않는다. 고결하고 도덕적이고 훌륭한 생각만 보호하지 않는다. 하늘을 우러러 한 점 부끄러움 없는 사생활만 보호하지 않는다. 인간은 타인에게 피해를 끼치지 않는 이상 얼마든지 유별나고, 비루하고, 불온할 자유가 있다.

율곡 이이 선생은 신독愼獨을 강조하셨다. 홀로 있을 때도 도리에 어그러짐이 없도록 몸가짐을 바로 하고 언행을 삼간다는 말이다. 그리고 이는 마음가짐까지 포함한다. 인격 수양을 위한 자세로는 훌륭한 말씀이지만 평범한 대부분의 사람들에게는 불가능에 가까운 자기억제를 요구하는 잔인한 말씀이다. 매 순간, 마음속으로도 죄를 짓지 않을 수 있는 사람이 있을까. 불경스럽지만 율곡 선생조차도 홀로 있을 때는 온갖 찌질하고 부끄러운 생각을 하셨을 거라는 데 오천 원 지폐를 건다.

더구나 '도리'도 '죄'도 사회에 의해 규정된다는 점을 생각해보자. 홀로 있을 때도 어그러지지 않도록 생각조차 삼가야할 '옳음'이 '마땅히 아녀자는 지아비를 섬기고 순종해야 한다'라면 어떨까. 또는 '동성에게 연정을 느끼는 것은 하나님의 섭리에 어긋나는 죄악이다'라면? 이러한 '옳음'에 위반되는 생각을 갖고 있는지, 혼자 있을 때 무슨 짓을 하며 사는지 타인들이 엿보고 폭로하려 든다면, 신상털이를 해대며 낙인찍는다면, 너의 생각을 밝히라며 질문을 해댄다면, 모두가 보는 앞에서 서약을 하라거나 십자가를 밟아보라고 요구한다면, 그것은 자유로운 사회일까.

예시를 바꾸어보아도 달라지는 것은 없다. 강요되는 '옳음'이 지금 시대에 한창 인기 있는 것이어도 마찬가지다. 그것이 성평등이든, 소수자 보호든, 동물권이든, 환경 보호든, 일본 상품 불매든, 그 어떤 가치라 해도 이에 반하는 생각을 갖고 있는지, 혼자 있을 때 무슨 짓을 하며 사는지 엿보고 폭로하고 낙인찍고 너의 생각을 밝히라고 질문을 해대는 행위를 정당화할 수는 없다. 개인의 마음속은 절대적 자유의 영역이기 때문이다. 이를 내심內心의 자유라고 한다. 양심, 사상, 학문, 종교,

그 어떤 생각이든 개인의 마음속에 머물러 있을 때는 국가나 사회가 이를 규제할 수 없다. 이를 '내면적무한계설內面的無限界說'이라고 한다.

내심의 자유를 보장하려면 이를 강제로 알아내려는 시도를 금지해야 한다. 그래서 침묵의 자유가 보장되고, 간접적인 행동을 요구함으로써 내심을 알아내려는 행위도 금지된다. 이를 양심 추지推知(미루어 생각하여 앎)의 금지라고 한다. 쉽게 말하면 'ㅇㅇㅇ 개새끼, 해봐!' 하지 말라는 것이다. 사회가 개입할 수 있는 것은 개인의 생각이 그의 내면을 넘어 행동으로, 표현으로 외부에 표출되었을 때뿐이다. 자유는 타인의 자유를 침해하지 않는 곳에 멈추어야 하기 때문이다. 그 지점에 가기 전까지는 온전히 개인의 성채다.

사생활의 성채 안에서 개인은 유별날 자유가 있다. 털 숭숭 난 아저씨가 여학생 교복을 입고 앉아 있든 말든, 하루종일 인형과 이야기를 나누고 있든 말든 남들이 상관할 일은 아니다. 하물며 불편한 속옷을 입든 말든 그게 도대체 무슨 상관일까. '노브라'를 선언한 여성 연예인에게 쏟아졌던 모욕과 공격을 생각하면 끔찍할 뿐이다. 그건 유별날 자유라고 이름 붙일 것도 없는 너무나 당연한 기본적 자유다. 그걸 '지적질'하는 행태들이야말로 유별날 뿐이다. 나는 가끔 서울 밤하늘 가득히 '남이사'라는 세 글자를 띄워두고 싶어진다.

사생활의 영역 중에서도 가장 내밀한 것이 성정체성과 성적 지향이다. 그런데도 21세기 대한민국에서는 대선후보 토론에서 '동성애를 찬성하십니까, 반대하십니까'라는 어처구니없는 질문이 나오고 인권변호사 출신 후보가 '반대합니다' '저는 좋아하지 않습니다'라는 답변을 한다. 성적 지향과 성정체성은 찬성, 반대 대상이 아니고, 공적 자리에서 개인적 선호를 밝힐 대상 역시 아니다. 문명국가라면.

자신에게 어떠한 실질적 해도 끼치지 않는데 단지 자기 선호와 맞지 않는다는 이유로, 보기 싫다는 이유로 누군가를 공격하는 것은 타인의 존재 자체를 부정하는 행위다. 생태계의 모든 종과 마찬가지로 인간 역시 제각기 다르게 태어나기 때문이다. 욕망도, 선호도, 고통도 제각기 다르다. 한때 유행했던 '파검 vs. 흰금 드레스' 사진을 기억하는가? 사람들의 뇌가 색을 인지하는 패턴의 차이에 따라 같은 드레스를 누군가는 파란색과 검은색으로, 누군가는 흰색과 금색으로 인식한다. 사람들은 각자에게 주어진 조건 아래에서 자기 방식으로 행복할 권리가 있다. 자율성은 행복추구권을 위한 필수조건인 것이다. 이를 가장 아름다운 언어로 표현한 노래가 레이디 가가의 〈Born This Way〉다.

상관없어, 네가 게이건, 이성애자건, 양성애자건.

레즈비언이건, 트렌스젠더의 인생을 살건.

난 옳은 길을 가고 있는 거야.

난 내 자신의 방식대로 아름다워.

왜냐하면 하느님은 절대로 실수하지 않으시니까.

난 옳은 길을 가고 있는 거야.

난 이렇게 태어났으니까.

사람에게는 불온할 자유도 있다. 어떤 책을 읽거나 소지했다는 이유만으로 '불온한 사상'을 가진 '빨갱이'라는 낙인을 찍어 국가의 반역자로 처벌한 긴 역사를 가진 나라에서는 더욱 강조되어야 할 자유다. 어떤 불온한 생각도 처벌할 수 없다. 심지어 국가를 전복하겠다는 반역의 계획이라 하더라도 개인의 마음속에만 남아 있다면, 혼자 쓰는 일기장에만 적어두었다면 처벌해서는 안 된다. 생각에는 금기가 있어서는 안 된다. 생각은 변화의 씨앗이다. '불온하다'는 온당하지 않다는 뜻이고, '온당하다'는 판단이나 행동이 사리에 어긋나지 않고 알맞다는 뜻이다. 무엇이 온당한지 불온한지는 당대의 지배적인 가치관이 결정한다. 시대가 달라지고 사람들의 생각이 달라지면 그 기준도 달라진다. 다양한 생각의 공존은 민주주의의 근간이다.

유별날 자유나 불온할 자유는 비교적 쉽게 그 필요성을 수

긍할 수 있을 것이다. 하지만 감정적으로 선뜻 수용하기 어려운 것은 '비루할 자유'일 것 같다. 추잡하고, 너절하고, 더럽고, 비겁하고…… 그럴 자유라니 본능적으로 그런 것 따위 인정하고 싶지 않을지도 모른다. 그렇게 행동해도 좋다는 얘기는 아니다. 행동에 대해서는 법적으로든 도덕적으로든 책임이 따른다. 하지만 개인의 영역 안에 머물러 있는 생각과 취향에 대해 함부로 재단하거나, 그것을 강제로 끄집어내 비난하는 것은 위험하다.

테크놀로지의 발전에 따라 개인의 내면이, 사생활이 인류 역사상 최고로 쉽게 외부로 드러날 위험에 놓인 사회가 되었다. 심지어 그것이 기업의 주수입원이기도 하다. 페이스북, 인스타그램 등 무료로 제공되는 소셜 미디어에서 거래되는 상품은 우리 자신이다. 우리가 어떤 자극에 본능적으로 반응하는지, 어떤 영상을 클릭하는지, 어떤 메시지에 좋아요를 누르는지 그들은 24시간 관찰하고 분석하고 그 결과를 거래한다.

이들이 제공하는 플랫폼 덕분에 개개인들도 타인을 24시간 관찰하고 분석할 수 있게 되었다. 엿보기의 쾌락에 탐닉하는 관음증의 시대이기도 하고, 자기만의 도덕적 완장을 차고 타인을 감시하는 새로운 종교 경찰의 시대이기도 하다. 인간의 생각이란 수시로 변화하기 마련이고 어떤 특정한 맥락 속에서 표현되는 것인데 그중 어느 한 부분만을 본인의 의사와 관계없이 툭 잘라 이것 보라며 전시하고 조리돌림하고 잊히지 않도록 '박제'하기까지 한다. 종교적 열정에 들떠 십자군전쟁에 나선 기사들처럼. 바야흐로 테크놀로지를 기반으로 한 새로운 마녀사냥의 시대가 도래하고 있는 것일까.

여기에 우리나라 특유의 현상으로서 도덕이 정치화되는 경향이 결합된다. 진영 논리가 강화되고 논쟁 대신 전쟁이 공론의 장을 지배할수록 가장 효과적으로 적을 타격하는 수단은 도덕이다. 치밀한 논리나 실질적인 정책으로 싸우는 것은 힘들고 대중의 성마른 관심을 끌기 어렵기 때문이다. 망신 주기가 훨씬 손쉽고 빠른 방법이다. 그래서 '사생활'이 가장 치열한 전장이 되고야 만다. 개인주의/자유주의를 근간으로 하는 현대 민주국가에서 공직자의 자녀가 음주운전을 한다든가, 공직자의 남편이 요트 여행을 떠난다든가 하는 일이 정쟁의 대상이 되는 것은 자연스러운 일은 아니다. 거기에 권력형 비리가 개입되었는지는 공적 영역의 일이지만 그 외에는 개인이 각자 책임질 문제이기 때문이다.

이런 일들의 근원은 대부분 부메랑이다. 예전에 상대를 공격할 쉬운 무기라고 환호하며 찔러댄 결과가 스스로에게 돌아오는 것이다. 제 살 깎아먹는 경쟁이다. 도덕이 무기가 되는 사회는 공멸의 길을 갈 수밖에 없다. 이미 인류는 그런 사회를 여러 번 시험해보았다. 종교가 지배하던 중세의 암흑을 겪었고, 크롬웰과 칼뱅의 엄격한 종교 윤리에 기반한 공포정치도 보았으며, 새로운 사회주의적 인간형을 만들어내겠다는 중국 문화대혁명과 캄보디아 폴 포트의 대학살도 목도하였다. 21세기인 지금도 세계 여러 곳에서 율법과 도덕, 가문의 명예를 명분으로 한 폭력과 억압이 이어지고 있다.

인간에게 유별나고, 비루하고, 불온할 자유를 주지 않는 사회는 불행하고, 위험하다. 역사를 통해 그것을 깨달을 만큼 겪었으면서도 자꾸만 같은 일을 반복하는 이유는 현실의 인간을 있는 그대로 보지 않기 때문이다. 신형철 평론가가 예리하게 지적했듯이 사람들은 타인은 단순하게 나쁜 사람이고 나는 복잡하게 좋은 사람이라고 믿는다. 하지만 사실은 우리 모두가 대체로 복잡하게 나쁜 사람들인 것이다.

적당히 비겁하고 이기적이고 모순 덩어리이고 위선적인 것이 현실의 인간이다. 그것을 애써 부정하고 높은 기준을 충족할 것을 강요하면, 하물며 개인의 사생활과 생각까지도 기준에 부합할 것을 요구하면 대부분의 사람들은 숨이 막혀서 살 수가 없다. 우리는 서로를 볼 때 흐린 눈을 뜨고 볼 필요가 있다. 서로의 발가벗은 치부까지 낱낱이 보아야 할까. 굳이?

여름날의 폭염만큼이나 타인에 대한 집단적 분노가 뜨거운 것이 우리 사회다. 권리를 주장하면 밥그릇 지키기라고 욕하고 말 한마디만 실수해도 돌팔매질을 당한다. 완벽하게 고

결한 동기에서 행동하지 않는 한 위선으로 취급받기 십상이다. 타인에게 불가능에 가까운 도덕적 염결성을 요구하기보다는, 각자 최소한의 규칙은 엄수하기, 각자의 밥그릇을 존중하며 타협하기, 건전한 무관심, 그리고 최소한 사악해지지는 말자는 자기성찰이 필요하지 않을까. 그런 사회에서 비로소 개개인 최후의 성역, 생각의 자유와 사생활의 자유가 보장되는 것이다.

## 나는 나를 파괴할
## 권리가 있나

"나는 나를 파괴할 권리가 있다."

소설가 프랑수아즈 사강이 코카인 소지 혐의로 기소되었을 때 법정에서 한 말로 유명하다. 판사가 뭐라고 대답했을지 궁금하다. 나라면 뭐라고 했을까. 답하기 쉽지 않았을 것 같다. 솔직히 자유주의 성향이 강한 나로서는 우선 동감부터 했을지 모르겠다. 그러게요. 제가 당신을 처벌할 권리가 있을까요.

이것은 결국 개인의 자유에 관한 문제다. 사강은 위의 말 앞에 한마디를 덧붙였다. "타인에게 피해를 주지 않는 한." 그렇다. 남에게 피해를 주지 않는 한 무엇이든 할 자유가 있다. 꼭 가치 있고 훌륭한 일만 해야 하는 것도 아니다. 개인에게는 얼마든지 유별날 자유, 비루할 자유, 불온할 자유가 있다. 우리나라 헌법재판소도 가치 있는 행동만 자유의 영역에 포함되는 것은 아니라고 하면서, 개인이 대마를 자유롭게 수수하고(주고받고) 흡연할 자유도 헌법 제10조의 행복추구권에서 나오는 '일반적 행동자유권'의 보호 영역에 속한다고 판시한 바 있다.*

마약을 제조한 것도, 판매한 것도, 투약 후 다른 범죄를 저지른 것도 아니라면, 오로지 골방에서 혼자 소지하고 있던 마약을 투약한 것이라면 왜 처벌받아야 할까? 오로지 자기 자신의 건강만 망칠 뿐, 직접 남에게 피해주는 것은 없는데? 이런 범죄를 '피해자 없는 범죄victimless crime'라고도 부른다.

자기 자신을 가장 근본적으로 파괴하는 행위는 어떨까? 자살은 범죄인가? 이미 자살한 사람을 어떻게 처벌하느냐고? 형벌 집행 가능성의 문제와 어떤 행위를 범죄로 규정하느냐의 문제는 별개다. 게다가, 자살이 범죄라면 자살 시도에 실패한 사람은 미수죄로 처벌받게 된다.

에이, 설마, 할 사람이 많을 것이다.

영국은 전통적으로 자살을 신과 교회의 권위에 대한 범죄로 보았다. 13세기 중반 자살을 범죄로 규정한 이래 자살한 자의 가족을 처벌하고 재산을 몰수했다. 이미 사망한 사람이

* 헌재 2005. 11. 4. 2005헌바46 결정.

라 해도 처벌은 가능한 것이다. 1962년에 자살 시도를 범죄에서 제외함으로써 비로소 자살이 비범죄화되었다. 미국에서는 1964년까지 앨라배마, 켄터키, 뉴저지, 노스캐롤라이나, 노스다코타, 오클라호마 등 9개 주에서 자살 시도를 흉악범죄로 취급해 감옥형에 처해질 수 있었는데,* 이후 순차적으로 해당 법률이 폐지되었으나 아직도 몇몇 주에서 관습법상에 남아 있다. 프랑스의 태양왕 루이 14세는 1670년 형법 조례를 공포하면서 자살한 자의 "시체를 엎드린 자세로 허들에 싣고 거리와 광장을 거쳐 쓰레기더미 위에 올려놓거나 매달아놓았으며, 자살자의 재산은 몰수되었다".**

　옛날 얘기 아니냐고? 2020년 8월 4일 말레이시아 법원은 아파트에서 뛰어내려 목숨을 끊으려다 구조대원들에게 붙잡힌 이십대 남성에게 자살미수죄로 벌금 3000링깃(약 85만 원)을 선고하면서 벌금을 내지 못하면 징역 3개월을 집행하도록 했다. 지금 현재도 자살 및 자살 시도를 범죄로 규정하고 있는 나라는 말레이시아, 파키스탄, 방글라데시, 레바논, 미얀마, 가나, 케냐, 수단, 우간다 등 적지 않다. 싱가포르도 2020년 1월 형법 개정 전까지는 자살 시도를 범죄로 규정했었다. 대한민

---

* Robert E. Litman, Medical-Legal Aspects of Suicide, *Washburn Law Journal*, Vol. 6(1966-1967), 395~401쪽 참조.
** 에밀 뒤르켐, 『자살론』, 황보종우 옮김, 청아출판사, 2012, 416쪽.

국은 현대의 주류적인 입법례를 따르고 있다. 자살도 자살 시도도 범죄가 아니다. 다만 타인의 자살에 관여한 자, 즉 자살 교사 및 방조는 처벌하고 있다.

자살이라는 가장 극단적인 형태 외에도 자기 자신을 파괴하는 행위는 많다. 대표적인 것이 마약이다. 마약은 세계 대부분의 국가에서 심각한 범죄로 취급하고 있다. 마약의 천국처럼 오해받곤 하는 네덜란드 역시 상대적으로 중독성이 덜하다고 알려진 마리화나의 단순 소지 및 흡연을 허용했을 뿐이다. 게다가 2012년부터는 암스테르담 등 몇몇 도시를 제외하고 여행객에게 마리화나를 판매하는 일이 전면 금지되었으니 네덜란드 여행에 대한 엉뚱한 판타지는 갖지 않는 것이 좋겠다. 대마에서 헤로인에 이르는 마약 사용을 비범죄화하는 급진적 조치를 취한 유일한 나라가 있기는 하다. 포르투갈이다. 하지만 '나를 파괴할 권리'를 아무 제한 없이 인정한 것은 아니다. 처벌만으로는 도저히 마약중독을 근절하기 어렵다고 보고 2001년부터 개인적 사용 목적의 소량 소지자는 체포 및 처벌 대신 관리 및 치료의 대상으로 취급하도록 법을 개정한 것이다. 범죄자 대신 환자로 취급하는 쪽에 가깝다.

도박을 처벌하는 것도 마찬가지다. 내 돈 내가 탕진하고 패가망신하겠다는데 굳이 국가가 단속하고 처벌한다. 언제부터 내 살림살이를 그리 눈물겹게 걱정해주셨는지. 남에게 피해를 끼치는 사기도박이 아닌 바에야 도박의 규칙에 따라 행한 자발적 도박을 왜 처벌해야 하는지 선뜻 이해하기 어렵다.

이 모든 의문에 대한 답은, 간단하면서도 반감이 불끈 드는 한마디다.

사회에 악영향을 끼치기 때문이다.

'나는 나를 파괴할 권리가 있다'는, 우리 마음속의 젊음에 불을 지피는 듯한 매력적인 선언으로부터 비롯된 꼬리에 꼬리를 무는 의문은 결국 그다지 매력적이지 못하지만 엄연한 실존으로 우리를 인도한다. 우리는 사회 속에 살고 있고, 우리의 자유는 때로 사회와 충돌한다. 그리고 사회는(다른 말로 바꾸자면, 다수는) 때로 필요에 따라 개인의 자유를 제한하는 것이다.

내 자유는 타인의 자유를 침해하지 않는 곳에서 멈춘다는 말에는 저항감이 덜 느껴진다. 나와 이웃, 개인과 개인 사이의 상호 대등한 선택으로 느껴지기 때문이다. 하지만 '사회에 대한 악영향 때문에 개인의 자유를 제한한다'라는 말에는 본능적으로 반감을 갖게 된다. 사회가 받는 악영향, 또는 피해라는 것이 개인의 피해만큼 직접적이고 구체적으로 와닿지 않기 때문이기도 하고, 대등한 관계가 아니라는 느낌 때문이기도 하다. '사회'라는 추상적인 말 뒤에는 게으른 다수의 편견이 숨어 있기도 하고, 기득권자들의 이익이 숨어 있을 때도 있다. 억압받는 느낌이 들 수밖에 없다.

사실 그런 면이 있다. 자살을 신과 왕권에 대한 범죄로 보았던 이유가 무엇이겠나. 노동력이자 병력인 백성은 왕의 재산인 것이다. 노예의 죽음이 농장주의 자산 손실인 것과 마찬가지다. 생각해보면 인간사회가 마약이나 도박을 처벌하기 시작한 이유도 짐작이 간다. 누군가 처음 마약, 도박이라는 신기한 놀이를 발견했을 때는 그런가보다 했는데, 점점 많은 사람들이 일은 안 하고 널브러져서 환각에 빠져 헤롱거리니까, 또는 도박에 중독되어 24시간 그것만 생각하느라 일에 집중을 못하니까 사회에 필수적으로 필요한 생산력에 구멍이 생기거나, 또는 그렇게 될 위험을 느낀 것이다. 참고로 우리나라 도박죄의 보호법익은 '국민 일반의 건전한 근로 관념 및 사회경제적 도덕'이다.

이쯤 되면 개인을 일개미로, 노예로 취급하는 것이 아닌가 분노할 수도 있다. 자유지상주의자들은 마약, 도박, 자발적 성매매 등에 관한 처벌을 사생활 침해로 보고 이에 반대한다.

그런데, 여기서 멈추지 말고 더 생각해보자. 사회란 왕을 대체한 압제자인 것만은 아니다. 서로의 생존을 위해 지속 가능하게 순환되어야 할 생태계이기도 하다. 그리고 그 안에서 개인과 개인은 생각보다 훨씬 더 서로에게 직간접적인 영향을 미친다. 그리고, 인간이 중독에 놀라울 만큼 취약한 것도 부인할 수 없는 사실이다.

18세기 중후반, 청나라와 교역할 만한 매력적인 상품을 보유하지 못했던 영국 상인들은 인도에서 재배한 아편을 청나라에서 유통시키기 시작했고, 불과 수십 년 만에 청나라의 농촌 경제는 붕괴되고 거리는 아편굴과 아편중독자로 넘쳐났다. 뒤늦게 아편 수입을 규제하자 영국은 두 차례에 걸쳐 아편전쟁을 일으켰다. 오랫동안 세계 최강대국으로 군림하던 청나라가 몰락하는 데는 그리 오랜 시간이 걸리지 않았다.

법원 파산부에서 근무해보면 도박, 투기적 주식거래 등에 중독되어 가족 전체를 파멸로 몰고 가는 사례를 끝도 없이 접하게 된다. '나를 파괴할 권리'라지만 대부분의 경우 혼자만 파괴되지 않고, 물귀신처럼 주변 사람들까지 같이 수렁 속으로 끌고 들어가게 된다. 나 혼자 골방에서 마약을 하는 게 왜 사회에 영향을 미치느냐고 항변할 수도 있겠지만, 수요가 있으면 공급이 생겨난다. 시장이 생기는 것이다. 수요부터 통제해야 하는 이유다.

자살에 관한 실태조사를 진행한 송인한 교수의 연구 결과에 의하면, "스스로 목숨을 끊은 1명이 약 6명의 가족에게 영향을 미치고, 평균 20명 정도의 주위 사람들이 '자살생존자'로 영향을 받게 된다고 알려져 있다. 우리나라처럼 인구 밀도가 높고 관계지향적인 사회에서는 자살생존자의 범위가 더 넓다고 볼 수 있다"고 한다.* 유명인의 자살 소식에 심리적으로 동조하여 이를 모방한 자살 시도가 생겨나는 것을 '베르테르 효과'라고 부르기도 한다.

사회적 동물인 인간의 삶은 모든 국면에서 어떻게든 타인들에게 영향을 미친다. 사회가 구축한 생태계 덕분에 생존과 자아실현에 필요한 자원과 터전을 얻고 있는 이상, 왜 내가 타인들의 선택에 미치는 영향까지 책임져야 하느냐고 항변하기는 어려워진다. 현재 지구상에서 가장 자유에 민감한 유럽 국가의 시민들이 코로나 위기 속에서조차 마스크 착용 등 방역을 위한 집단적 조치에 반발하는 것을 보며 불편함을 느낀 이들이 적지 않을 것이다. 그런데, 바이러스만 전염되는 것은 아니다. 우리의 행동은 서로에게 전염되고, 그중에는 특별히 강력한 영향을 미치는 것도 있다.

여기서, '나는 나를 파괴할 권리가 있다'는 프랑수아즈 사강의 법정 변론으로 돌아가보자. 자유주의 성향이 강한 개인으로서의 내가 아니라, 법관으로서 답변하라고 하면 답은 명확하다. "물론 당신은 당신을 파괴할 자유와 권리가 있습니다. 다만, 법에 의하여 그 권리는 일정한 경우 제한될 수 있습니다."

헌법 제37조는 제1항에서 "국민의 자유와 권리는 헌법에

---

* 경향신문 2020년 11월 22일자. 「한 사람 극단적 선택에 평균 20명 영향, 한국은 더 심하다」.

열거되지 아니한 이유로 경시되지 아니한다"라고 하면서, 동시에 제2항에서 "국민의 모든 자유와 권리는 국가안전보장·질서유지 또는 공공복리를 위하여 필요한 경우에 한하여 법률로써 제한할 수 있다"고 하고 있다. 앞에서 헌법재판소가 개인에게는 헌법상 대마를 자유롭게 주고받고 흡연할 자유가 있다고 결정했다고 언급했다. 그런데, 뒤가 생략되어 있었다. 그 결정은 대마 수수 및 흡연을 처벌하는 마약류 관리에 관한 법률 조항이 위헌이 아니라는 결정이다. 대마 흡연의 자유는 있지만, 사회질서 유지 및 공공복리를 위해 법률로써 이를 제한하는 것이 필요하고 적절하다는 것이다.

형법이 처벌하는 범죄에는 개인적 법익에 관한 범죄만 있는 것이 아니다. 국가적 법익에 관한 범죄도 있고, 사회적 법익에 관한 범죄도 있다. '피해자 없는 범죄'란 실은 피해자가 불특정 다수이거나, 간접적으로 사회 전체에 영향을 미치는 범죄다. 도박죄는 공연음란죄, 음화 제조 및 반포죄 등과 함께 사회적 법익에 관한 죄 중 '사회의 도덕에 관한 죄'에 속하고, 마약 관련 죄는 사회적 법익에 관한 죄 중 '공중의 건강에 관한 죄'에 속한다.

형법만 '나를 파괴할 자유'에 개입하는 것은 아니다. 계약 자유의 원칙도 무제한은 아니다. 매일 나를 몇 번씩 구타해달라는 계약, 또는 돈을 못 갚으면 내 살을 얼마만큼 베어가라는

'베니스의 상인'식의 계약은 민법 제103조에 의해 "선량한 풍속, 기타 사회질서에 위반한 사항을 내용으로 하는 법률 행위"로서 무효가 된다.

법은 이처럼 나름 체계적인 설명을 제공한다. 단조롭고 무덤덤하지만. 다 이유가 있고 법에 근거가 있어서 그런 것이다. 맞는데, 맞긴 맞는데, 나는 절대로 이 설명에 쉽게 고개를 끄덕이고 생각하기를 멈춰서는 안 된다고 생각한다.

이 모든 논리가 다 맞다 하더라도, 여전히 자유가 원칙이고, 제한이 예외다. 자유를 제한하려는 사회 쪽이 개별적인 사안마다 제한의 필요성과 적절성을 입증해야 하고, 개인은 너무 쉽게 그 제한을 받아들이고 당연시해서는 안 된다. '나를 파괴하는 행위'조차 당연한 듯 쉽게 규제된다면, 다른 행위들은 더더욱 쉽게 규제될 것이기 때문이다. '사회에 미치는 악영향'이란 과장될 수 있고, 악용될 수 있는 개념이다. 악영향이 있다 하더라도 이를 피하기 위해 개인의 자유를 제한하는 방법과 그 정도는 필요 적절하고, 최소한이어야 한다.

시민들이 경계를 게을리하면 사회는 개인적 자유의 모든 영역에 '사회에 미치는 영향'이라는 명분으로 침투하려는 유혹을 느끼게 된다. 경제 살리기를 위한 저출산 대책으로 '가임기 여성 분포도'를 만드는 발상도, 다양한 성적 지향을 죄악시하는 경향도, 테러 방지나 공중보건을 이유로 개인의 일상을 감시하고 공개하는 것을 당연하게 여기는 분위기도, 비혼모의 출산권이나 낙태 합법화에 대해 위험시하는 태도도, 모두 같은 뿌리에서 나온다.

자유에 대한 제한을 너무 쉽게 받아들이는 사회는 결국 자유 자체를 잃게 될 것이다. 누군가 일견 철없어 보이고, 낯설고, 내가 보기에는 그다지 가치 없어 보이는 자유에 대한 권리를 주장한다 해도 가벼이 넘기지 말고 일단 그의 주장을 경청해야 하는 이유다.

## 인간이라는
## 이름의 공해

인간에게는 유별날 자유, 비루할 자유, 불온할 자유가 있고, 자신을 파괴할 권리가 있다고 썼다. 이 모든 자유가 온전히 한 인간의 내면에만 머물러 있을 때, 또는 혼자만의 사생활 영역에만 머물러 있을 때는 문제가 없다. 하지만 자기 집 문턱을 넘어 세상 바깥으로 나가는 순간 어떤 방식으로든 타인에게 영향을 미치게 된다. 여기서부터는 '표현의 자유'의 영역이다.

표현의 자유는 민주주의, 다원주의 사회를 건설하고 유지하는 핵심적인 가치로서 강력하게 보호되어왔다. 문명국가에서 국가에 의한 검열은 죄악이다. 새삼스럽게 논할 필요조차 없다. 우리나라 역시 표현의 자유를 억압하는 독재권력과 싸워온 오랜 역사를 가지고 있다. 여전히 표현의 자유를 억압하고 있는 나라들도 많지만 우리나라와 미국, 유럽의 몇 나라들은 인류 역사상 볼 수 없었던 높은 수준의 표현의 자유를 누리고 있다. 여기까지는 참 훌륭한 일인데, 세상에는 공짜가 없다.

표현의 자유는 원래 국가권력에 대항하는 언론의 자유를 중심으로 발전했다. 국왕과 귀족 계급의 전제정치에 대항하기 위해 열악한 인쇄기로 자유를 외치는 팸플릿을 찍어 목숨을 걸고 파리의 뒷골목에 뿌려대던 혁명가들이 표현의 자유의 선구자들이다. 보도지침을 만들어 정부가 허락한 사실만 대중에게 전달할 수 있도록 했던 전두환 독재정권 시절, 안기부에 끌려갈 각오를 하고 단 한 줄의 팩트를 행간에 숨겨 전달하던 기자들에게 표현의 자유란 목숨과도 같았다. 그런데 많은 사람들의 피와 땀으로 그런 시대를 극복해내고 표현의 자유가 상식이 된 민주화 시대가 오자 생각지도 못했던 새로운 일들이 벌어지기 시작했다.

놀라운 속도로 정보통신 기술이 발전하면서 소셜 미디어 플랫폼들이 거대화되었고 스티브 잡스가 아이폰을 만들어 사람들 손안에 인터넷을 쥐여주었다. 이제 표현의 자유는 소수 혁명가들이나 레거시 미디어라 불리는 전통적인 언론기관, 그리고 예술가들만의 전유물이 아니다. 70억 인구가 표현의 자유의 주체가 되었다. 누구나 24시간, 365일, 지구 어느 곳에서든 네트워크에 접속하여 타인들에게 자신을 생중계할 수 있게 되었다. 이렇게 되자 인류는 새로운 공해에 직면하게 되었다. 바로 인간이라는 이름의 공해다.

상상해보자. 구석기 시대 동굴 생활을 하던 우리 선조들의 삶을. 이들이 일생 동안 접하게 되는 인간이 몇 명이나 됐을까? 수십 명? 수백 명? 정확히 알 수는 없지만 그 정도를 넘어서기는 쉽지 않았을 것 같다. 그중 자기 무리에 속한 이들이 있고 다른 무리에 속한 이들이 있었을 것이다. 양자에 대해 느끼는 감정은 극명히 달랐을 게 분명하다. 다른 무리에 속한 인간들? 공포와 혐오의 대상이다. 가끔 식욕의 대상이었을 수도 있다. 나와 같은 인간이라는 동질감이 있었는지부터 의문이다. 언제 우리 집단을 습격해서 먹거리를 빼앗고 우리를 죽일지 모르는 존재들이다. 경계의 눈초리로 언제나 적들을 관찰해야 한다. 이들에 대한 적대감은 내 무리를 뭉치게 하는 원동력이다.

반대로 자기 무리에 속한 인간들은 내 생존과 번식을 위한 최고의 자원이다. 인간은 혼자서는 가장 약한 동물에 불과하다. 무리가 힘을 합쳐야 겨우 맹수들을 물리치고 식량을 구할 수 있다. 무리가 나를 쓸모 있는 존재로 인정해주느냐 아니냐는 그야말로 죽고 사는 문제였다. 인정받지 못하면 버려질 수도 있고 무리에서 버려진다는 것은 죽음을 의미한다. 그러니 남들이 나를 어떻게 생각하느냐는 굉장히 중요한 문제다. 남들의 표정 하나, 말 한마디에도 관심이 갈 수밖에 없다. 남들이 내게 관심을 가져주면 행복할 수밖에 없다. 인간은 태생적으로 '관종'이다. 관심받고 싶어하고, 남들에게 관심도 많다. 인간은 탄수화물 중독 이상으로 인간 중독이다. 사회적 동물인 인간에게 탄수화물보다도 인간이 더 소중한 자원이기 때문이다.

그로부터 수백만 년이 흘렀고 세상은 엄청나게 달라졌다. 인간은 놀라운 문명을 건설했다. 하지만 유전자에 아로새겨진 원시인 시절의 본능은 그다지 달라지지 않았다. 수백만 년에 이르는 진화의 시계에서 인간이 급속한 발전을 이룩한 최근 수백 년의 변화는 그야말로 찰나에 불과하기 때문이다. 다이어트가 그렇게 힘든 이유도 우리가 원시인의 몸을 갖고 있기 때문이다. 언제 먹이를 또 구할지 알 수 없던 원시 시대에 생존을 위해서는 칼로리를 몸에 악착같이 붙들고 있어야 유리했다. 몸에 쌓인 지방을 원수처럼 미워하며 먹어도 찌지 않는 몸을 동경하게 된 것은 겨우 수십 년 전부터, 그것도 잘사는 나라들에서나 시작된 현상이다.

수백만 년의 역사상 처음으로 갑자기 먹거리 과잉의 시대에 놓이게 된 것처럼, 휴대폰의 발명과 소셜 미디어의 발전으로 인간은 역사상 한 번도 경험해보지 못한 규모로 타인들의 삶에 노출되었다. 테크놀로지는 발전했지만 본능은 원시인 때와 다를 바 없는 상태로. 그 결과가 어떻겠는가. 우리 본능이 세우는 안테나는 24시간 365일, 무수히 많은 타인들을 향해 곤두서게 되었다. 그러고는 그들 중 일부는 '내 무리'로 분류해 애정과 관심을 쏟고, 나머지는 '남의 무리'로 분류해 적대감을 키워간다. 우리가 가진 원시인의 몸이 관심을 쏟을 수 있는 상대는 원래 수십 명 단위로 세팅되어 있는데 수천, 수만, 아니 어쩌면 수억 명 단위까지 우리 시야에 가깝게 들어올 수 있게 된 것이다. 이쯤 되면 이건 축복이 아니다. 공해다.

우리는 굳이 알 필요가 없는 남들의 삶을 언제 어디서나 실시간으로 보고 들을 수 있는 세상에 살고 있다. 게다가 동등한 확률로 노출되는 것도 아니다. 소셜 미디어 플랫폼의 알고리즘은 인간 감정의 가장 강렬한 부분들을 자극해 조회수를 늘리도록 설계되어 있다. 시기, 질투, 적대감, 혐오, 공격 본능 등이다. 이런 감정들이 가장 강렬하도록 진화된 데도 이유가 있었을 것이다. 적들에 대한 경계와 분노 감정이 생존에 필수적이었을 테니까. 그런데 그 본능은 결코 지금 시대에 맞게 정밀하게 상대를 구분해가며 발동하지 않는다. 평생 한 번 마주칠 일 없는, 내 삶과 아무 상관 없는 남들에 대해서도 불필요한 시기, 질투, 적대감, 혐오, 공격 본능을 발동시키고야 만다.

인간 본능의 이 어두운 면을 집약적으로 경험할 기회가 내게도 있었다. 첫 책 『판사유감』을 출간했던 2014년 가을, 요즘은 책을 알리려면 저자가 어떤 형태로든 소셜 미디어 활동을 통해 독자들과 접촉면을 늘려야 한다는 출판사의 권유에 따라 처음 페이스북을 시작하게 되었다. 처음에는 백 명도 안 되는(원시 시대에 가까운?) 페친밖에 없는 상태에서 소박하게 서평도 올리고 일상 이야기도 나누는 '목가적인' 상태였다. 그런데 책도 점점 더 알려지고 신문 칼럼도 쓰게 되면서부터 페친도 팔로어도 기하급수적으로 늘어 수만 명 단위의 사람들과 접촉하게 되었다. 그때부터 내 타임라인은 그 수많은 사람들이 가장 많은 관심을 보이는 일들로 채워지기 시작했다. 유용하고 좋은 정보들도 있었지만 '핫한' 이슈들은, '조리돌림'이었다. 누가 어떤 '멍청한' 내지 '시대의 흐름에 발을 맞추지 못하는 구린' 말을 하고 글을 썼는지 퍼날라 '박제'하고는 그의 한심함을 개탄하고 조롱하는 댓글이 줄줄이 달렸다.

한 시간만 이런저런 인터넷 게시판들을 돌아다녀보면 진정한 정글 체험을 할 수 있다. 누가 누구와 잤는지, 그러고는 또 누구와 바람을 피웠는지, 그에 대해 상대방이 무엇을 폭로했는지, 그래서 또 누가 상대를 명예훼손으로 고소했고 누구는 억울하다며 자살 시도를 했는데 그게 쇼인지 아닌지. 이런 일들에 대해 수많은 사람들이 어느 한쪽 편을 들면서 치열하게 싸우고 있다. 자연 다큐멘터리에서 보았던 일들도 있다. 화려한 깃털을 가진 다른 새의 깃털을 자기 몸에 붙여 자신을 치장하는 종류의 새가 있다. 인간도 비슷하다. 남의 사진을 도용하고 남이 쓴 글을 자신이 쓴 글인 것처럼 도용해서 '좋아요'

를 수집하는 사람들이 있다. 그것도 몇 년에 걸쳐서. …인간이란 참 슬픈 존재다.

'내 무리'와 '남의 무리'를 가르는 습성은 어떻게든 기준을 찾아 발동한다. 부족장에 해당하는 누군가를 지지하는지 반대하는지가 구분 짓기 쉬운 기준이다. 누군가를 사랑하게 되면 발뒤꿈치도 이뻐 보인다더니 정치인과 사랑에 빠지면 그가 무슨 짓을 저지르던 기적의 논리로 감싸주게 된다. 요즘 유행하는 무리 분류 기준에는 '페미'와 '안티 페미'도 있다. 지나가는 말 한마디, 영화에 대한 감상 한마디 안에서도 어떻게든 '남혐' 또는 '여혐'의 증거를 찾아내려 현미경을 들이대는 이들이 있다. 아군과 적군을 구별하기 위함이다. 저기 적이 있다. 그들을 쳐라.

언제부터인가 나는 우리 시대가 '인간 공해'의 시대가 아닐까 생각하게 되었다. 인간은 인간에게 있어 중요한 존재다. 그래서 더욱, 너무 많은 인간들에게 상시적으로 노출되는 것은 감당하기 힘든 일이다. 인간에게는 누구나 어두운 면이 있다. 어리석음, 위선, 뻔뻔한 이기심, 잔혹함, 비겁함. 예전에는 대면하는 관계에서만 직접 그런 면들을 감당하면 되었다. 그런데 지금은 일면식도 없는, 나와 상관없는 사람들의 어두운 면들이 쉽사리 내 눈에 들어온다. 인간의 밑바닥이 궁금하면 자기 자신의 솔직한 바닥부터 들여다보면 될 일인데 왜 불특정 다수의 밑바닥을 군이 접하며 살아야 할까? '밑바닥 페티시즘'인가? 이제는 '알권리'보다 '모를 자유'가 더 중요한 것 아닐까? '인간 다이어트'가 필요한 시대가 아닐까? 제발 좀 남들에게 신경 좀 끄고 각자 좀 살자고 이 연사 외치고 싶을 때가 많다.

그러면 된다. 이론상 가능하다. 저녁 6시 이후에는 아무것도 안 먹으면 되고, 빵과 아이스크림을 끊으면 된다. 채소와 단백질 위주의 식단을 짜고 적절한 운동을…… 말이 쉽지. 고백하자면 나 역시 실패했다. 고민 끝에 2018년부터 소셜 미디어 사용을 중단에 가깝게 줄였다. 새 책이나 드라마가 나왔다는 소식을 알리는 생계형 용도 외에는 거의 쓰지 않는다. 인류애 충전을 위해 주기적으로 찾아보는 동영상들은 있다. 모래톱에 밀려온 고래를 마을 사람들이 힘을 합쳐 바다로 돌려보내거나, 양동이를 뒤집어쓰고 죽음의 위기에 처한 새끼곰을 길 가던 사람들 여럿이 다칠 위험을 무릅쓰고 붙잡아 벗겨주는 모습 등이다. 채소와 단백질이다. 하지만 결국 금단 증세와 요요 현상이 오고야 만다. 일하기 싫고 글 쓰기 싫고 만사 지친 순간, 소파에 누워 지웠던 앱을 다시 깔고는 남들의 어리석음과 찌질함, 개념 없음을 전시하는 온갖 게시물들과 거기 달린 조롱과 쌍욕, 혐오로 가득한 댓글들을 군이 찾아 읽고 있게 된다.

그 결과 남는 건 인간 혐오와, 그보다 더한 자기혐오뿐인데도.

탄수화물 중독처럼 인간 중독도 중독이다. 전통적인 자유권적 기본권은 합리적인 이성을 가지고 자기 행동에 책임을 지는 존재로서의 근대적 인간관을 전제로 성립되었다. '알권리'와 '표현의 자유' 역시 이런 이성적이고 자율적인 인간의 자유를 국가권력이 억압하는 관계를 기본으로 상정하고 발전한 것이다. 그런데 지금 시대에는 '알권리'와 '표현의 자유'를 다른 측면에서도 바라볼 필요가 생겼다. 비유하자면 마약중독자와 마약상의 관계라는 측면이다.

2021년 10월, 페이스북의 내부 고발자 프랜시스 호건은 미국과 영국 의회에 출석해 인스타그램이 십대에게 유해할 수 있다는 자체조사 결과를 회사가 숨겼고, 유명인들의 가짜 뉴스 및 혐오 발언을 삭제하지 않고 특별 관리했다는 등의 내용을 폭로했다. 페이스북은 반박했다. 자신들이 의도적으로 혐오, 적대감, 질투를 조장하는 게시물이나 가짜 뉴스가 우선적으로 노출되도록 조작한 바 없다는 것이다. 맞는 말일 거다. 그런 것들이 우선적으로 노출되도록 만든 것은 이용자들 자신일 테니까.

알고리즘은 그저 이용자들이 무얼 먼저 클릭하고 더 오래 들여다보는지에 따라 기계적으로 우선순위를 바꿀 뿐인 것이다. 전통적인 관점에 따르면, 이성적이고 자기 행동에 책임을

질 수 있는 존재인 이용자들이 자기 선택에 따라 서비스를 소비했을 뿐이고, 플랫폼은 이용자들이 선호하는 상품을 눈에 잘 띄는 곳에 진열했을 뿐이다. 하지만 '중독'의 관점에서 보면 얘기가 달라진다. 마약중독자들은 결코 이성적으로 자기 행동을 통제하지 못한다. 중독은 선택의 자유를 앗아간다. 의존하게 만들 뿐이다. 그걸 뻔히 아는 마약상들은 그저 중독자들에게 '물건'을 내밀 뿐이다. 너의 선택일 뿐이라면서.

소셜 미디어 플랫폼 기업들에 대한 규제를 전통적인 관점에 따라 표현의 자유 내지 알권리의 규제로 볼 것인지, 아니면 국민 건강권의 문제로 보아 담배 회사들에 대한 규제와 같이 볼 것인지, 더 나아가 환경의 문제로 보아 배기가스 규제나 화석연료 규제와 같이 볼 것인지가 21세기에 대두한 새로운 헌법의 과제다. 거대 플랫폼 기업들은 국가권력에 대항하는 언론기관이기보다는 개별 국가권력 이상의 존재로 진화하고 있기에, 새로운 시각이 필요하다. 인간이라는 이름의 공해를 대량으로 뿜어내는 거대 굴뚝 기업들의 세상에서 소박한 무리생활을 하던 원시인의 본능을 가진 우리, 슬픈 인간 중독자들은 어떻게 살아남아야 할까. 개인의 선택과 책임만으로 돌리는 건 너무 가혹하지 않을까.

3부

# 선의만으로
# 충분치 않다

세상의 갈등 중 많은 경우가
선의와 선의의 부딪힘이다.

# 정의 vs. 자유

정보화 사회의 어두운 측면, 그리고 거대 소셜 미디어 플랫폼 기업들에 대한 규제 필요성에 대해 이야기했다. 하지만 인터넷 이용자 개개인의 자유를 규제하는 것은 이와는 다른 문제다. 자유권은 거대권력을 제한해 개인의 자유를 보호하기 위한 것이다. 거대 플랫폼 기업들이 정부와 마찬가지로 큰 권력이 되었기에 규제 필요성을 논하는 것이지만, 개인의 자유는 필요 최소한으로 제한해야 한다. 자유는 최대한, 규제는 최소한이라는 원칙은 여전히 유지되어야 하는 것이다.

이러한 관점을 보여주는 좋은 사례가 '인터넷 실명제'에 관한 헌법재판소 결정이다. 헌법재판소는 2012년, 인터넷 게시판을 설치·운영하는 정보통신 서비스 제공자에게 게시판

이용자로 하여금 본인 확인 절차를 거쳐야만 게시판에 정보를 게시할 수 있도록 하는 조치를 마련할 의무를 부과하는 법령들('인터넷 실명제 법령')에 대해 위헌 결정을 했다.* '이 법령들이 달성하고자 하는 건전한 인터넷 문화의 조성 등 입법 목적은, 인터넷 주소 등의 추적 및 확인, 당해 정보의 삭제·임시조치, 손해배상, 형사처벌 등 인터넷 이용자의 표현의 자유나 개인정보자기결정권을 제약하지 않는 다른 수단에 의해서도 충분히 달성할 수 있음에도, 인터넷의 특성을 고려하지 않은 채 본인확인제의 적용 범위를 광범위하게 정하여 법집행자에게 자의적인 집행의 여지를 부여하고, 목적 달성에 필요한 범위를 넘는 과도한 기본권 제한을 하고 있다. 게시판 이용자의 표현의 자유를 사전에 제한해 의사표현 자체를 위축시킴으로써 자유로운 여론 형성을 방해한다'는 등의 이유를 주요 논거로 하고 있다.

요약하자면 익명 뒤에 숨어 남의 명예를 훼손하고 모욕하는 악의적인 사례들이 늘어나고 있는 것은 사실이지만, 형사처벌이나 손해배상 등 전통적인 수단에 의해 가해자에게 개별적으로 책임을 묻게 해야지 모든 이용자들의 '익명 표현의 자유'를 일률적으로 제한하는 것은 과도한 규제라는 것이다. 익

---

* 헌재 2012. 8. 23. 2010헌마47 등 결정.

명의 가면 뒤에 숨어 비겁한 가해를 저지르는 자들이 있는 것은 사실이지만, 이를 막기 위해 실명으로만 글을 쓰게 하면 정치권력에 대한 비판의 숨구멍을 막게 된다. 굳이 자신을 드러내지 않은 채 인터넷상에서 표현의 자유를 누리고자 하는 이들은 많고, 이들 중 자유를 악용하여 타인을 가해하는 이들은 소수에 불과하다. 이들을 막기 위해 다수 이용자의 표현의 자유를 사전에 제한할 수는 없는 것이다.

법령에 의한 강제적인 규제와 달리 이용자들의 자율적인 여론을 반영하여 시스템이 변화하는 것은 시장의 자정 작용에 해당한다. 심리적으로 취약한 연예인들에 대해 악의적인 댓글이 집중적으로 이어진 끝에 극단적 선택이 이어지는 비극적인 상황에서, 이에 분노하는 여론을 반영해 포털 사이트가 연예기사란의 댓글 기능을 없앤 사례가 이런 예다. 공익의 측면에서 보아도, 정치 이슈에 대한 익명 표현의 자유와 연예 이슈에 대한 익명 표현의 자유는 같은 잣대로 평가할 수 없다.

여기까지는 전통적인 법리로도 어느 정도 답을 내기가 수월하다. 하지만 세상은 법보다 훨씬 빨리 변화하고 있고, 간단히 해결하기 어려운 문제들이 생겨나고 있다. 전통적인 시각으로 보면 기업과 소비자 관계에서 강자는 기업이다. 약자인 소비자들은 혼자만의 힘으로 권익을 보호받기 힘들었기에 같은 처지의 소비자들끼리 뭉쳐야 했다. 소비자운동은 힘의 균형을 위한 노력이었고, 불매운동은 소비자들이 집단적으로 행사하는 의사표현의 자유였다. 그런데, 인터넷, 휴대폰, 소셜 미디어의 발전은 단시간 내에 폭발적으로 많은 사람이 온라인상에서 큰 부담 없이 집단적인 목소리를 낼 수 있게 만들었다. 몇백 명, 몇천 명 단위가 아니라 몇만 명, 몇십만 명 단위로 순식간에 불매운동이 조직되는데, 익명성까지 결합되어 이중 얼마가 진짜 숫자이고 얼마가 소수에 의하여 반복, 조작된 숫자인지 알 수 없게 되었다. 과거처럼 소비자단체나 운동 주체가 따로 있는 것이 아니고, 누군가 대중의 분노를 자극할 만한 글을 올리면 삽시간에 화르륵 여론이 타오르는데, 문제 제기의 진위 여부를 검증할 여유도 의지도 없는 때가 많다.

이런 상황에서 과연 개별 기업이 강자이고 소비자들이 약자일까? 개인으로는 약해도 집단은 힘이 세다. 기업의 생존에 문제가 될 만한 타격을 한순간에 입힐 만큼 힘이 세지기도 한다. 기업뿐 아니라 개인이 공격 대상이 되기도 한다. 페미니즘에 우호적인 언급을 한 적이 있다는 이유로 게임업체에서 일하던 성우가 교체되는 일이 벌어지기도 하고, 반대로 여성 혐오적인 표현을 이유로 웹툰 작가의 퇴출을 요구하는 불매운동이 벌어지기도 한다. 이런 일들에 대해 소비자들이 각자 자신의 정치적 성향에 따라 불편한 상품을 소비하지 않겠다는 자발적인 의사표현일 뿐이니 아무 문제될 것이 없다고 주장하는 이들도 있다. 하지만 강한 힘에는 강한 책임이 따른다. 표현의 자유에는 책임이 따르고, 소비자들의 집단적 의사표현 역시 예외는 아니다.

헌법재판소는 2011년, 왜곡 보도를 이유로 언론사들의 보도 태도 변경을 끌어내거나 폐간시키겠다며 광고주들을 상대로 조직적인 광고중단압박운동을 벌인 사건에 대해 형법상 업무방해죄, 강요죄, 공갈죄가 적용되는 것은 헌법에 위반되지 않는다고 판결했다.*

구매력을 무기로 소비자가 자신의 선호를 시장에 실질적으로 반영하려는 시도인 소비자불매운동은 모든 경우에서 그 정당성이 인정될 수는 없고, 헌법이나 법률의 규정에 비추어 정당하다고 평가되는 범위에 해당하는 경우에만 형사책임이나 민사책임이 면제된다고 할 수 있다는 것이다. 헌법재판소가 밝힌 정당성의 요건은 다음과 같다. 우선, ①객관적으로 진실한 사실을 기초로 행해져야 하고, ②소비자불매운동에 참여하는 소비자의 의사결정의 자유가 보장되어야 하며, ③불매운동을 하는 과정에서 폭행, 협박, 기물파손 등 위법한 수단이 동원되지 않아야 하고, ④특히 물품 등의 공급자나 사업자 이외의 제3자를 상대로 불매운동을 벌일 경우 그 경위나 과정에서

---

* 헌재 2011. 12. 29. 2010헌바54, 407(병합) 결정.

제3자의 영업의 자유 등 권리를 부당하게 침해하지 않을 것이 요구된다.

불매운동이라고 해도 최소한의 검증을 위한 노력 없이 허위사실을 토대로 하거나, 참여자들에 대한 기만이나 강압을 동원하거나, 단지 불매운동 대상 기업과 거래관계가 있다는 이유만으로 대상 기업에 대한 압박 수단으로 불매운동 사유와 직접 관련이 없는 제3자에 대해서까지 불매운동을 벌이는 행위들은 형사책임 또는 민사책임을 지게 될 수 있다는 것이다.

시민들 스스로의 집단적 표현의 자유가 동료 시민의 다른 자유를 침해하고 억압하는 사례가 예술의 자유, 창작의 자유 쪽에서도 늘어나고 있다. 배타적인 종교적 이유, 성소수자 혐오, 편협한 국수주의와 인종주의를 이유로 하는 경우도 있지만 그 반대도 있다. 정치적 공정성(이른바 'PC함')을 기계적이고 강박적으로 관철하려는 시도들은 필연적으로 창작자들의 자유로운 상상력과 부딪힐 수밖에 없다.

정의의 이름으로 자유를 재단하려는 시도는 역사를 통해 여러 번 이루어졌다. 대표적인 것이 '사회주의 리얼리즘 예술'이다. 억압받는 노동자, 농민 계급은 순결하고 주체적인 영웅들이고 자본가들은 천편일률적인 악마들인데, 순결한 영웅들이 악마들에게 위대한 승리를 거둔다는 판에 박은 구조를 벅차오르게 답습하는 예술작품들이 구소련에서 숱하게 제작되었지만 정작 '인민'들은 자본주의 서방의 록큰롤을 몰래 들으며 열광했다. 마찬가지로 북한에서도 한국식 로맨틱 코미디가 큰 인기를 끌고 있다는 뉴스가 심심치 않게 들려온다.

자유는 최대한, 그 제한은 최소한이어야 한다는 명제는 '정치적 공정성'을 명분으로 하는 경우에도 달라져서는 안 된다. 예술의 이름으로 오랫동안 반성 없이 자행되어온 여성 혐오, 소수자 혐오, 인종 혐오에 대하여 반대하고 시정을 요구하는 것은 당연히 필요한 일이지만, 이를 넘어 '모범답안'을 제시하고 여기에서 조금이라도 어긋나면 공격 대상으로 삼는 것은 자유에 대한 부당한 억압일 뿐만 아니라, 얻고자 하는 효과도 내지 못한다. 미래는 당위로 만들 수 있는 것이 아니다. 허구 속에 완벽하게 정의로운 유토피아를 만들어놓고 스스로 감격에 겨워한다고 해서 실제 세상이 바뀔까? 게다가 그 '정의'라는 것에 대해 스스로 성찰하지도 않는다면?

앞서 이야기한 신중함, 상대주의, 절차적 정당성이라는 '법치주의적 사고방식'이 시민사회 속에 뿌리내려야 한다는 명제가 강조되는 대표적인 분야 중 하나가 소셜 미디어 시대의 '집단적 표현의 자유'라고 하겠다. 강한 힘에는 강한 책임이 따르기 때문이다.

## 도대체 왜 법은
## 범죄자들에게 관대할까

앞의 글 「정의 vs. 자유」에서 '정의'를 명분으로 한 집단적 표현의 자유와 개인의 자유가 충돌하는 현상에 대해 이야기했다. 이보다 더 직접적으로 정의와 자유가 충돌하는 분야가 있다. 형사법 분야다.

전직 법조인인 죄로 어딜 가든, 누구를 만나든 받게 되는 질문이 있다. 도대체 왜 법은 범죄자들에게 관대한 것일까. '도대체'가 핵심이다. 단순한 질문이 아니다. 불만과 분노의 표현이다. 온갖 이슈마다 극렬하게 여론이 분열되어 있는 세상이지만 '범죄자에게 관대한 판결'에 대한 분노만큼은 압도적 다수의 공감을 받곤 한다.

인터넷에서 서로 죽도록 싸우는 이른바 '남초 사이트'와

'여초 사이트'도 악질 범죄자들을 사형시키자, 거세시키자 같은 목소리에는 거의 유일하게 대동단결하는 것 같다. 만 14세 미만 '촉법소년'의 범죄에 대해 형사처벌을 하지 않는다는 점에 분노를 표하는 이들도 많다. 요즘 애들이 얼마나 잔인하고 악랄한데 그걸 봐주느냐, 말도 안 된다. 공소시효제도에 대해서도 마찬가지다. 죄를 지은 놈은 백년이 걸려도 잡아서 벌을 줘야 정의지 시간이 지났다고 면죄부를 주는 게 말이 되느냐. 잘 숨어 다니기만 하면 되겠네. 죄지은 놈은 바로 구속하고 신상을 공개하는 걸 원칙으로 해야지 인권이다 뭐다 하면서 까다롭게 제도를 만드니까 범죄가 줄어들지 않는 거다. 형량이 너무 약해서 법을 무서워하지 않는다…… 이 모든 불만을 한마디로 요약할 수 있다. 도대체 왜 법은 피해자 편을 들지 않고 가해자 편을 드는 거냐!

우리나라에서만 제기되는 불만이 아니다. 대부분의 나라에서 비슷한 여론을 쉽게 만날 수 있다. 당연한 일이다. 우리의 형사사법제도는 사실 일본을 통해 유럽에서 수입한 것이기 때문이다. 형사사법제도는 헌법을 정점으로 한 법치주의 시스템의 한 부분이고, 우리의 법치주의 시스템은 이 책에서 몇 번이고 설명한 것처럼 오랜 역사를 통해 영국, 프랑스, 미국 등의 근대 시민혁명 과정에서 인본주의, 합리주의, 공리주의라는 사상적 배경을 토대로 형성되었다. 아예 이와 다른 시스템을 가진 국가들(예를 들자면 이슬람 국가들이나 중국, 북한)을 제외하고는 크게 다를 것이 없다.

전 세계 어디를 가든 청소년은 성인보다 가볍게 처벌받거나 처벌 대신 보호처분을 받고, 이에 대한 불만 여론도 높다. 히가시노 게이고의 『방황하는 칼날』처럼 제대로 처벌받지 않은 소년범죄에 대한 분노를 다룬 소설은 쏟아지는 공감을 얻는다. 독일 강력범죄 수사관이 쓴 범죄수사 논픽션을 읽은 적이 있는데, 힘들여 범인을 잡아도 솜방망이 처벌로 끝내곤 하는 독일 판검사들에 대한 불만으로 가득했다. 세계에서 가장 성공적인 복지국가인 노르웨이의 경우는 어떨까. 2011년 7월 청소년 캠프에서 무차별 총기난사 테러를 감행하여 무려 77명을 살해한 자에게 선고된 형량은 징역 21년이었다.

그래도 미국은 다르지 않으냐고? 미국은 선진국 중에서 가장 형량이 높은 나라이기는 하다. 하지만 수감시설 부족과 교정 예산 부족에 늘 시달리는데다 가석방제도가 발달되어 있어 선고된 무시무시한 형량을 다 복역하지 않고 일찍 가석방되는 경우도 많으니 겉만 보고 판단할 일은 아니다. 게다가 헌법적 가치 중에서도 '자유'에 대해 엄청나게 높은 가치를 부여하는 나라답게 형사사법에 있어서도 '적법 절차'를 우선시한다. 악인을 엄정하게 벌하는 것도 중요하지만 공권력이 반칙하지 못하도록 엄격한 규칙을 준수하도록 하는 것이 더욱 중요하다.

홀륭한 정신이긴 한데, 유능한 변호사들은 이를 철저하게 활용해서 '고객'을 구해낸다. 수사 과정에 현미경을 들이대고 사소한 것 하나라도 규칙 위반이 있는지, 오염된 증거가 있는지 뒤지고, 없으면 있는 것처럼 그럴듯한 의혹이라도 제기해 배심원들을 현혹한다. 그 결과, 재판은 정의를 선언하는 절차이기보다 규칙 위반 여부를 밝히는 게임처럼 되어버리는 경향도 생긴다. 오죽하면 미드 〈덱스터〉의 한 시즌에는 검사가 인권변호사를 납치, 살해하는 사건도 등장한다. '적법 절차'를 들먹이며 자신이 법정에 세운 악인들을 줄줄이 무죄로 만드는 변호사에 분개한 나머지 검사가 살인범이 되어버린 것이다.

물론 다른 나라들도 대부분 마찬가지라고 해서 별 위안이 되지는 않는다. 그래서 도대체 왜 어딜 가든 법이 범죄자들에게 관대한 거냐니까! 라는 의문만 더하게 될 듯하다.

답하기 어려운 질문이다. 왜 어렵냐면, 책을 한 권 써도 될 만큼 방대한 설명이 필요한 주제이고, 설명은 할 수 있지만 하면 할수록 듣는 사람의 짜증만 돋울 가능성이 높기 때문이다. 변명하는 느낌이 들기도 한다. 나 역시 법을 공부한 사람으로서 납득하는 부분과 한 시민으로서 느끼는 감정 사이에서 혼란을 느낄 때들이 있다. 그래서 고민한 끝에 두 가지 측면을 다 이야기해보려 한다. 먼저 왜 기존의 법치주의 시스템이 그렇게 형성된 것인지에 대한 설명을 하고, 그다음으로 과연 그 시스템에 문제는 없는지 의문을 제기해보는 순서로 말이다.

복잡한 문제일수록 단순하게, 미괄식보다 두괄식으로 결론부터 던지며 시작하는 게 취향에도 맞고 이해에도 도움이 될 것 같아서 그렇게 해보려 한다. 왜 법이 범죄자들에게 관대하냐는 질문에 대한 나의 대답은 이렇다. 법은 범죄자들에게 관대한 것이 아니다. 법이 인간에게 관대하게 만들어지다보니 범죄자들이 반사적 이익을 누리게 된 것이다.

물론 교과서에 나오는 설명은 아니다. 내 나름의 생각을 내 식으로 다소 과격하게 이야기하는 거다. 아름다운 이야기만 나열하며 빙빙 돌리는 식의 설명은 내가 굳이 또 쓰지 않더라도 여기저기서 많이 접했을 것이기 때문이다. 내 식의 설명은 이렇다. 지금까지 누누이 얘기했듯이 법치주의 시스템은 '인간의 존엄성'을 근본이념으로 한다. '인간의 존엄성'이란 결국 쉽게 말하면 인간을 특별히 귀한 존재로 취급하겠다, 특별대우를 하겠다는 이야기다. 소를 신성시하는 힌두교에서는 소가 특별취급을 받듯이 '인간'을 존엄한 존재로 보는 인본주의(유발 하라리는 이것도 일종의 종교라고 본다) 헌법질서하에서 모든 인간은 필연적으로 특별대우를 받게 된다. 사람에게 해를 끼치는 바이러스나 곤충, 동물은 가차없이 죽여 없애지만 사람에게 해를 끼치는 존재가 같은 사람인 경우에는 그렇게 할 수 없다. 그 결과 77명을 잔혹하게 죽인 자까지도 단지 인간이라는 이유만으로 일정 부분 특별대우를 받게 되는 것이다.

그게 너무나 불합리하다고? 범죄자는 인간이 아니다, 범죄자에게는 인권이 없다는 것을 원칙으로 해야 한다고? 그 기준을 어떻게 잡을 수 있을까? 경범죄도 전부? 중범죄부터라면 어디서부터 인간이 아닌 것으로 간주해야 할까? 그리고 누가 인간이고 누가 인간이 아닌지에 대한 '인간 여부 결정'을 국가에 맡겨도 괜찮은가? 그건 너무 위험한 일이 아닐까. 아무리 그래도 사회 전체로 보면 범죄자들은 소수고 그렇지 않은 사람들이 다수다. 다수의 권리를 가장 확실하게 보호하는 방법은 예외 없이 모든 인간의 기본적 인권을 강하게 보호하는 것이다. 그 결과 누군가 반사적 이익을 보게 된다 할지라도. 인본주의 체제가 치러야 할 세금 같은 것이랄까.

존엄한 존재라면 죄를 가리는 절차도 최대한 신중해야 하고, 처벌을 받는 동안에도 최소한의 권리는 존중해야 한다. 인간에게는 특별대우를 하겠다는 것이 사회계약의 기초이기 때문이다. 존엄한 존재인 인간의 자유와 권리는 (과학적 증거나 역사적 증거로 검증된 바는 없지만) 누구나 태어날 때부터 타고난 것(이라고 헌법을 통해 구성원들이 약속한 것)이기에 이에 대한 국가의 제한은 필요 최소한이어야 한다는 게 법치국가의 기본 원칙이다. 결국 법치국가는 범죄자에 대한 형벌이라는 작용에 있어서도 최대한이 아니라 필요 최소한을 추구하게 된다.

헌법의 시각에서 보면, 놀랍게도 형벌은 '시민의 자유에 대한 제한'이다. 징역형은 신체의 자유에 대한 제한이고 벌금형은 재산권에 대한 제한이다. 아마 평소에 이런 식으로 생각해본 사람은 많지 않을 것 같다. 벌이란 죄에 대한 당연한 대가라고 생각하는 것이 일반 시민들의 상식이고, 동양의 전통적인 형벌관에 가까울 텐데, 자유주의를 기반으로 형성된 서구의 근대적 헌법의 시각에서 벌이란 자유에 대한 제한이고, 그렇기에 다른 국가 작용처럼 필요 최소한이어야 한다. 이 시각 차이에서 형사사법과 국민 법감정의 괴리가 근본적으로 시작된다.

법치국가 형법의 양대 원칙은 '법률 없이 형벌 없다'는 죄형법정주의와 '책임 없이 형벌 없다'는 형법상 책임 원칙이다. 아무리 천인공노할 만행을 저질러도, 많은 이에게 피해를 끼친 교묘한 잘못을 저질러도 이를 처벌하는 법이 아직 제정되지 않은 상태라면 처벌할 수 없다. 서둘러 법을 만들어도 소급적용할 수 없다. 정신질환으로 판단 능력과 자신의 행동에 대한 통제 능력이 없는 사람이 저지른 범죄는 처벌할 수 없다. '책임'이란 누군가의 행위라고 평가할 수 있는 행위에 대한 비난 가능성이다. 누군가 강제로 내 팔을 붙잡고 휘둘러 남의 뺨을 때리게 했다면 그것은 나의 행위인가? 최면 상태에 빠져 저지른 행위는 나의 행위인가? 몽유병 상태에서 저지른 행위는 나의 행위인가? 그렇다면 정신질환자의 행위는?

어린아이의 행위는 어떨까. 인간의 뇌는 찰흙으로 빚어내 듯이 성장한다. 특히 옳고 그름을 판단하고 자신의 행동을 통제하는 영역인 전전두엽前前頭葉은 청소년기를 거치면서 비로소 어른의 뇌로 완성되어간다. 아직 미완성인 상태에서는 자신의 감정을 제대로 조절하지 못하고 충동적인 행위를 저지르곤 한다. 이런 상태에서의 행위를 성인의 행위와 동일하게 평가하는 것은 정신질환자의 행위와 정상인의 행위를 동일하게 평가하는 것처럼 형법상 책임 원칙에 맞지 않다. 일정 연령까지는 책임을 일부 경감하고, 일정 연령 이하의 경우에는 아예 형사 책임을 묻기 어려운 한계가 필연적으로 발생하는 것이다. 물론 청소년기라 해도 판단 능력이나 뇌의 발달 상태는 천차만별이지만, 시스템이란 어쩔 수 없이 평균을 기준으로 삼을 수밖에 없다. 그로 인해 반사적 이익을 얻는 자가 있다 해도 말이다. 형사책임을 질 수 있는 나이가 무조건 14세라는 것도 아니다. 13세, 12세로 언젠가는 낮아질 수도 있다. 하지만 이는 국민 여론과 다수결에 따라 결정하는 정치적 문제가 아니다. 뇌과학과 의학, 범죄통계학이 동원되어 정밀하게 정해야 할 문제다.

소년범을 성인에 비해 낮게 벌하고, 처벌보다 교화를 원칙으로 삼는 것도 같은 이유다. 예외는 있지만 평균적으로 볼 때 소년범들이 성인범들보다 교화 가능성이 높다. 미성숙하기에 충동적인 범죄 가능성도 높지만, 반대로 제대로 된 사회인으로 바로잡을 수 있는 가능성도 높다. 적절한 처벌, 교육, 상담, 추적 관찰 등 종합적인 조치로 소년범의 재범율을 낮춘 성공 사례는 많이 있다. 반대로 성인과 똑같은 형벌을 부과하면 교도소를 범죄 학교 삼아 제대로 된 범죄자로 성장(?)해 사회로 나올 가능성이 많다. 어차피 사형시키거나 종신형에 처하지 않는 이상 언젠가는 사회에 다시 나올 수밖에 없다. 사회 전체의 관점에서 보면 무엇이 더 사회의 안전과 평화를 위해 나은 시스템인지 생각해볼 수밖에 없는 것이다.

공소시효제도 역시 사회를 운영하는 시스템이라는 측면에서 생각해보면 불가피한 측면이 있다. 물론 범죄자에 대한 분노는 쉽게 사라지지 않지만, 증거는 시간의 흐름에 따라 쉽게 사라진다. 극적으로 결정적인 증거가 뒤늦게 발견되는 기적 같은 일들이 있기는 있지만 전체적으로 보면 확률이 높지는 않다. 오히려 불확실한 증거만으로 뒤늦게 기소했다가는 억울한 피고인을 만들 위험만 커진다. 게다가 모든 미제 사건을 영원히 수사하는 것은 불가능하다. 새로운 범죄가 끝없이 발생하는 상황에서 언제까지고 미제 사건을 안고 가기에는 한계가 있다. 정의도 한정된 자원인 것이다. 선택과 집중이 필요하다.

범죄의 중대성에 따라 일정 기준을 정하고 그 시기가 지나면 안타깝지만 사건을 종결시킬 수밖에 없다.

'사회를 운영하는 시스템의 측면'이라는 표현을 반복해서 썼다. '입법자의 입장'에서 사고한다는 표현으로 대체할 수도 있겠다. 역사를 통해 법치주의 시스템을 만들어온 사람들은 사회 전체의 이익을 고려해 가장 효율적인 시스템을 고민해왔다. 쉽게 표현하면 무엇이 최대 다수의 최대 행복을 보장하는 시스템일까의 문제다. '공리주의'적 사고방식에 의한 비용편익 분석cost-benefit analysis과 이에 따른 정책적 판단이 법의 배후에 있다는 얘기다.

공리주의 관점에서 보면 형벌은 사회의 안전과 평화를 유지하기 위해 필요한 적정 수준이면 족하다. 그 수준을 넘는 엄벌은 사회적 비용을 낳는다. 정의는 공짜가 아니다. 막대한 예산을 들여 교도소를 증설하고 교정 인력을 충원해야 한다. 정의를 외치는 시민들도 막상 '정의세'를 내라고 하면 반발하거나, 자기 지역에 교도소가 신설되는 것은 반대할 가능성이 높다.

여름철마다 숙면을 방해하고 전염병을 옮기는 모기는 짜증스러운 존재이지만 모기를 멸종시키기 위해 대대적이고 근본적인 살충제 살포나 유전자 조작을 전 지구적으로 벌이는 것은 막대한 비용이 들 뿐 아니라 모기가 끼치는 해악 이상의 예상하기 힘든 환경 재앙으로 이어질 위험이 있다. 그래서 눈에 띄는 물구덩이를 없애는 정도의 제한된 조치로 개체수 조절만 한다. '사회를 운영하는 시스템'의 입장에서 보면 범죄 역시 적절한 수준 이하로 관리하는 것을 목표로 해야지 그 이상을 목표로 삼기는 어렵다. 비용과 부작용이 더 크다.

요약하면 우리가 살고 있는 헌법질서에 내재한 '인본주의'와 '공리주의'는 형벌에 대해 '필요 최소한'의 관점으로 접근할 것을 요구하고 있다. 법이 인간 사이에 필요한 '최소한의 선의'라면 형벌은 사회 운영에 필요한 '최소한의 악의'인 것이다.

그 결과, 법은 필연적으로 무언가와 충돌한다. 여기까지의 설명을 읽으면서 생겨났을, 일면 머리로는 납득이 되는 것 같으면서도 가슴 한구석이 갑갑해지고 짜증나고 화가 나기도 하는 느낌. 우리의 감정이다. 법감정. 정의감. 악에 대한 본능적인 분노. 이 충돌은 무시해도 되는 것일까?

# 법치주의 시스템이
# 놓치고 있는 것들

세상일에는 다 이유가 있기는 하다. 형벌에 관한 시스템 하나하나에도 다 나름의 이유가 있다. 하지만 정말 솔직히 말하자면, 우리 군인들로 하여금 우리 국민을 학살하게 만든 독재자가 천수를 누리며 회고록을 쓰게 만드는 법치주의 따위, 어린 여자아이를 화장실로 끌고 가 장기가 손상될 정도의 끔찍한 짓을 저지른 짐승만도 못한 인간이 출소해 버젓이 피해자가 살고 있는 곳으로 돌아오는 것을 막을 수 없는 법치주의 따위가 대체 무슨 소용이란 말인가, 싶을 때가 있다. 법을 공부하고 23년간 법관으로 일한 나조차도 이런데 다른 사람들은 어떻겠는가.

법은 사적 복수를 금지한다. 만인의 만인에 대한 투쟁 상태를 종식하기 위해 시민들은 국가에 폭력을 독점시켰다. 법은 제도화된 폭력이다. 군과 경찰만이 법치주의의 통제하에서 국민의 안전을 보장하고 사회질서를 유지하기 위해 폭력을 행사할 수 있다. 그런데 앞에서 설명한 것처럼 법치주의 시스템은 본질적으로 국민의 법감정, 정의 감정을 다 채워주지 못한다. 최대한이 아니라 최소한의 정의를 추구하기 때문이다. 사람들은 그 간극에서 분노와 배신감을 느낀다.

충족되지 않는 욕구는 픽션의 세계에서 대리만족의 창구를 찾기도 한다. 세계적으로 '악을 악으로 응징하는' 다크 히어로 장르물이 계속 만들어지고, 평범한 시민이 악당들을 청소하는 사적 복수극이 만들어지는 데는 이유가 있다. 현실에 존재하는 법치주의 시스템이 사람들의 정의에 대한 욕구를 만족시키지 못하기 때문이다.

나 역시 한 사람의 시민으로서, 한 인간으로서 법치주의 시스템이 가진 한계에 답답해하고, 악질적인 범죄자들에 대한 분노를 느낀다. 하지만, 그럼에도 불구하고, 대체적으로는 지금의 시스템이 최선이고, 아직 더 나은 대안은 없다고 생각한다. 손쉬운 대안을 찾는 것은 위험이 너무 크기 때문이다. 정의가 강처럼 넘치지만 위험한 '사이다' 사회보다 분통은 터지고 답답하지만 안전한 '고구마' 사회가 낫다고 생각한다.

그래도 반드시 짚고 넘어가야 할 점은 있다. 기존의 법치주의 시스템이 놓치고 있는 것들이다. 인본주의, 합리주의, 공리주의를 토대로 형성되었다지만 법치주의 시스템은 정작 '인간' 자체를 놓치고 있는 측면이 있다. 두 가지 점에서다. 인간의 편향, 그리고 인간의 감정이다.

'시스템'이라고 말하지만 그 안에는 사람이 있다. 법을 만드는 것도 사람이고, 그 법에 따라 재판하는 것도 사람이다. 그리고 사람은 누구나 자신의 환경, 입장, 주관에 따른 편향이 있고, 그런 자신의 편향을 과소평가하는 편향마저 가지고 있다. 완벽하게 중립적이고 객관적인 인간은 없다. 인공지능조차 학습 과정에서 인간들의 편향을 학습하는 마당에 어떤 인간이 완벽하게 객관적일 수 있을까.

생각해보자. 법을 만드는 국회의원들, 그리고 재판에 참여하는 판사, 검사, 변호사 중에 실제로 살인, 강도, 강간 등 강력범죄가 자주 벌어지는 동네에 살고 있는 사람이 얼마나 있을까. 법원에 내려오는 이야기 중에는 자기 사는 집에 도둑이 든 판사는 이후 주거침입이나 절도범에 대해 엄청나게 형을 세게 내린다는 말이 있다. 그게 인간이다. 남의 일일 때와 자기가 직접 겪었을 때는 천양지차다. 정작 범죄로 인한 피해로부터 평균적으로 가장 멀리 있는 사람들이 법을 만들고 법을 운용한다면, 실제 범죄 피해자들의 공포와 분노를 이해하기 어려울 수밖에 없다.

근대 헌법질서를 설계한 위대한 선구자들이라고 달랐을까? 존 로크, 존 스튜어트 밀, 몽테스키외 등은 위대한 천재들이었지만 사회 계층으로 보면 중산층 이상의 지식인들이었다. 헌법의 역사에서 가장 먼저 발달한 분야가 영장 없이 체포당하지 않을 권리, 법률 없이 조세를 부담하지 않을 권리인 것은 우연이 아니다. 당시 중산층 지식인 계급의 관점에서 보면 국가권력(국왕)은 자신의 자유와 재산을 자의적으로 빼앗아갈 수 있는 위협 자체이지 내가 범죄자들에게 당하는 피해를 막아주고 나 대신 복수해줄 믿음직한 대리인이 아니었다. 이들의 편향이 아직까지도 법 체계 전체를 지배하고 있는 건 아닐까? 범죄로 인해 실제로 피해를 보는 서민 계층의 입장은 충분히 법에 반영되고 있을까?

법관들은 누가 뭐래도 자신이 오로지 법과 양심에 따라 불편부당하게, 객관적으로 판단한다고 생각한다. 하지만 법관 역시 인간이다. 인간은 무의식적으로 주변 사람들의 영향을 받는다. 사회적 동물의 본능이다. 그런데 법관이 재판 과정에서 가장 많이 대면하는 사람이 누굴까? 피고인과 변호인이다. 죄수복을 입고 고개를 푹 숙인 피고인은 법관 앞에 세상에서 가장 나약한 모습으로 서서 잘못을 깊이 뉘우친다면서 흐느낀다. 피고인의 가족도 방청석에 나와 눈물을 훔친다. 변호인은 필사적으로 피고인의 입장을 호소한다. 피고인은 구치소로 돌아가서도 계속해서 장문의 절절한 반성문을 써낸다. 반면 검사는 사건 하나에만 관여하지 않는다. 검사는 언제나 수많은 사건에 치여 있다. 자신이 직접 범죄를 당한 것도 아니다. 특별히 중요한 사건이 아닌 이상 사무적으로 할말만 하는 경우가 대부분이다.

피해자는 재판 기록 속 글자들 사이에 숨어버리는 것이다. 한쪽의 입장이 제대로, 생생하게 대변되지 않으면 인간은 직접 접촉하게 되는 인간에게 자기도 모르게 공감하기 쉽다. 인간의 한계다. 인간의 뇌는 고통을 싫어하고 보상을 좋아한다. 자기도 모르게 자주 접하는 사람을 동료로 분류한다. 그에게 인정받고 싶어하고, 칭찬받고 싶어한다. 무의식 속에서 벌어지는 작용이다. 피고인에게 한 번의 기회를 준다며 집행유예 등 선처를 베풀 때 법관의 뇌와 피고인에게 중형을 선고하며 법정구속할 때 법관의 뇌를 자기공명영상으로 찍어 어느 영역이 활성화되는지를 비교해보면 흥미로운 결과가 나올 것이라고 본다.

예전부터 피고인의 호소를 잘 경청하고 선처를 잘 베푸는 법관은 '생불' 소리를 듣곤 했다. 반면 법정구속을 칼같이 하고 높은 형량을 선고하는 법관은 모질다, 모났다는 소리를 듣는다. 왜일까. 법관이 접하게 되는 사람들의 입장이 한쪽으로 치우쳐 있기 때문이다. 검사는 사무적인데 반하여 피고인과 그

가족, 변호인 들은 목숨을 걸고 판사만 쳐다본다. 게다가 판사의 인간관계는 협소하다. 동료였던 법관도 선배였던 법관도 언젠가는 변호사가 된다. 판사 주변에는 시간이 갈수록 변호사만 가득해진다. 그리고 변호사는 피고인의 입장을 대변하는 사람들이다. 선처 잘하는 판사를 싫어할 변호사는 없다. '인간을 이해하는 법관' '생불'이라고 칭송하며 그 재판장에게 자기 사건이 배정되기를 바랄 것이다. 칭송에는 돈이 들지 않지만 판사의 선처는 변호사에게 돈이 되기 때문이다.

입법으로부터 수사, 재판에 이르기까지 피해자의 입장도 피고인의 입장만큼이나 충분히, 대등하게 대변되어야 한다. 그러지 못하면 인간이 갖는 인지적, 정서적 편향으로 인해 법치주의 시스템이 온정주의로 치우칠 위험이 큰 것이다.

법치주의가 인간의 '감정'을 놓치고 있다고 보는 데는 역사적 이유가 있다. 근대적 형법을 만든 이들은 대중의 법감정에 대해 그리 우호적이지 않았다. 앞서 말했듯 근대 형법의 아버지로 불리는 체사레 베카리아는 『범죄와 형벌』 서문에서 "몽매하고 흥분 잘하는 군중과는 거리를 두고, 오직 공공복리의 담당자들을 위해" 썼다고 선언한다. 그는 형벌의 목적은 오직 범죄를 예방하는 것이므로 범죄로 인한 쾌락이 6이라면 형벌은 최소한인 7에 그쳐야 한다고 보았다. 감정을 경계하고 이성을 중시하는 계몽주의와 공리주의식 사고방식이다. 그럴 만도 했다. 마녀사냥과 공개처형의 광기가 지배하던 시대였으니까.

흥미로운 것은 현대 심리학과 뇌과학의 연구 결과다. 사람들에게 두 가지 질문을 던진다. 전차가 인부 다섯 명을 향해 질주하는 상황에서 스위치를 눌러 인부 한 명만 있는 쪽으로 선로를 바꿀 수 있다면 어떻게 하겠는가? 그리고 같은 상황에서 이번에는 스위치가 아니라 직접 다른 인부를 선로 위로 떠밀어야만 다섯 명을 구할 수 있다면 어떻게 하겠는가? 앞의 질문에는 '그렇게 하겠다'를 선택한 많은 사람이, 뒤의 경우에는 '그러면 안 된다'고 했다. 뭐가 다른가? 논리만으로는 차이를 설명하기 쉽지 않다. 심리학자 조슈아 그린의 『옳고 그름』에 따르면 후자의 경우 뇌의 감정을 담당하는 영역에서 강력한 정서적 거부 반응을 보였다.* 결국 내 손에 직접 피를 묻히는 행위에 대해 본능적인 거부감을 느끼는 것이다. 성인에 대한 폭력보다 아동학대에 대해 더 분노를 느끼는 것, 성폭력에 대해 다른 폭력보다 더 분노하게 되는 것 등에는 오랜 시간 진화되어온 본능적 감정의 영향이 있다. 감정은 도덕적 판단에 강력한 영향을 미친다. 현대 뇌과학은 감정이야말로 인간 행동을 결정하는 강력한 원동력이며, 복잡하고 오래 걸리는 판

---

* 조슈아 그린, 『옳고 그름』, 최호영 옮김, 시공사, 2017, 179~181쪽 참조.

단 과정을 패턴화하여 마치 인터넷 즐겨찾기처럼 빠르게 처리하는 기능을 수행해왔다고 본다. 이런 메커니즘은 쉽게 바뀌지 않는다. 무시할 수 있는 대상이 아니다.

전통적인 법치주의 시스템은 이성을 중시하고 감정의 영향을 최대한 배제하려는 계몽주의, 합리주의의 영향하에 있었기에 범죄의 중함을 그 결과의 외형적 크기, 즉 사망, 전치 몇 주의 상해인지, 손해액이 얼마인지 등으로만 비교하려는 경향을 띤다. 범죄에 대한 시민들의 분노, 법감정은 최대한 피해야 할 일로 보곤 했다.

하지만 사회의 가장 근본적인 규범(근친상간, 아동 성폭력, 약자에 대한 폭력 등 터부와 연결되고 진화생물학적 근거가 있는 경우가 많다. 공동체 유지·발전에 저해되는 행위들이다)을 파괴하는 범죄들은 사회 구성원들의 본능적 분노를 야기한다. 그런데 제도화된 폭력인 법이 이를 충분히 응보하지 않으면 시민들은 시스템에 대한 신뢰를 상실한다. 법에 대한 효능감이 떨어져 사회 존속에 위협을 가하게 된다.

공리주의적 관점에서 보면 충분하지 않은 응보야말로 국가보안법 위반처럼 보아 엄벌해야 할 필요성이 있는 것 아닐까. 응보는 단순히 국민 감정에 휘둘리는 사법 포퓰리즘이 아니다. 오히려 사법이 해야 할 본질적인 기능일 수도 있다.

법은 인간 위에 군림하는 신탁이 아니다. 법은 인간을 위한 도구다. 법은 인간사회의 평화와 질서 유지를 위해 기능해야 한다. 그런데 인공지능 로봇이 아닌 피와 살로 이루어진 우리 인간들은 온갖 인지적 편향과, 이성 이상으로 강력한 감정을 가지고 있다. 이걸 무시하면 법은 제대로 기능할 수 없다. 우리의 법치주의 시스템은 인간을 놓치고 있는 건 아닐까. 대중의 무지를 탓하기 전에 법조 엘리트들이 먼저 인간에 대한 스스로의 무지를 돌아봐야 하지 않을까.

# 성폭력은
# 자유에 대한 죄

사람들은 왜 성폭력에 대해 유독 분노할까. 성폭력은 단순히 신체에 가해지는 폭행이나 상해와 다르다. 모든 폭력은 사람의 정신에도 충격을 가하지만, 성폭력은 그 정도가 더 심하다. 성폭력은 인간의 존엄과 자유를 심각하게 침해하고 오랜 정신적 상흔을 남기기에 무겁게 처벌하는 것이다. 그런데 불과 한 세대 전에는 어땠을까.

형법상 강간죄는 '정조貞操에 관한 죄'라는 항목 아래 강제추행죄, 혼인빙자간음죄 등과 함께 규정되어 있었다. 조선 시대나 일제강점기 이야기가 아니다. 1995년 12월 29일자로 '강간과 추행의 죄'로 개정되기 전까지 그랬다.

대체 '정조'란 무엇을 말하는 것일까. 국어사전을 찾아보면 첫번째 뜻으로 '정절貞節'과 같은 말이라고 나온다. '정절'을 다시 찾아보면 '여자의 곧은 절개'다. 두번째 뜻은 '이성관계에서 순결을 지니는 일'이란다. 쉽게 직설적으로 고쳐 말하면, '기혼 여성의 남편과만 섹스해야 할 의무'와 '미혼 여성의 결혼하기 전까지 누구와도 섹스하지 않을 의무'인 것이다. 놀랍지 않은가? 까마득한 옛날도 아닌, 서태지 박진영 신해철이 톱스타로 활약하던 〈응답하라 1994〉 시절 이야기다.

물론, 설마하니 이 당시까지 법학자나 판사 들이 강간죄를 '정절'과 '순결'을 침해하는 죄로 해석했던 것은 아니다. 1973년에 발간된 서울법대 유기천 교수의 『형법학』(개정9판) 교과서를 보면 강간죄는 '인간의 애정의 자유'를 보호하는 범죄라고 설명하고 있다(애정의 자유란 무엇인지 또 궁금해지지만). 내가 공부하던 1980년대 후반의 형법 교과서에도 '성적 자기결정의 자유'가 보호법익이라고 쓰여 있었다. 그런데도 1995년까지 '정조에 관한 죄'라는 형법전의 항목 제목은 유지되고 있었던 것이다.

유기천 교수의 위 책에 따르면 '정조에 관한 죄'란 일본의 구舊형법, 즉 일제강점기 형법의 잔재인 것 같다. 간통죄를 포함한 '정조에 관한 죄'를 강간죄 등과 함께 묶어서 건전한 사회 풍속을 해하는 범죄, 개인에 대한 범죄가 아니라 '사회적 법익에 관한 죄'로 규정했었는데, 광복 후 1953년 우리 형법이 제정되면서 강간죄를 개인의 자유를 보호하는 항목 쪽으로 분리·독립(?)시킨 것이다.

당시 법조계로서는 상당한 인식의 발전이었겠지만, 사회적 인식까지 크게 변화했었는지 의문이다. 그 유명한 '보호가치 있는 정조'라는 말이 판결문에 등장했을 정도니까. 1955년 7월 22일 서울지방법원 형사재판부는 현역 장교를 사칭하며 '댄스홀' 등에서 만난 70여 명의 미혼 여성과 성관계를 맺은 박인수의 혼인빙자간음죄 혐의에 대해 무죄를 선고하며 "법은 정숙한 여인의 건전하고 순결한 정조만을 보호할 수 있다"고 선언했다. 이 판결은 상급심에서 바로 파기되었지만, 당시의 사회 인식을 보여주는 흥미로운 사건이다.

사회 인식이란 쉽게 변하지 않는 것 같다. 내 경험을 돌이켜봐도 1990년대 후반, 2000년대 초반 성범죄 사건을 재판할 때마다 변호인들이 피해 여성의 평소 행실(?)을 집요하게 물고 늘어지는 것을 여러 번 보았다. 형법 교과서에 강간은 '성적 자기결정의 자유'에 관한 죄라고 적혀 있는데도 일부 변호사님들은 평소 술을 자주 마시는 여성, 나이트클럽에 자주 가는 여성, 과거에 바든 카페든 술집에서 일한 적이 있는 여성은 그런 자유가 없다고 보시는 것 같더라. '정조에 관한 죄'라는 제목이 오히려 사회 인식을 솔직하게 반영한 것이었는지도 모르겠다. 유감스럽게도 그런 인식에 사로잡혀 있는 분들은 지금까지도 적지 않다. 성범죄 피고인의 부모가 낸 탄원서를 보면 피해자가 학교나 회사 내에서 자유분방한 연애로 유명한 여자였다는 등의 주장을 하는 경우가 있다. 다른 남자들과 섹스한 적이 있는 여자는 아무 남자의 섹스 제의에도 당연히 자유롭게 응했을 거라고 믿는 근거가 도대체 무엇인지 반문하고 싶어지곤 했다.

젊은 세대는 당연히 강간죄를 '정조에 관한 죄'로 보지는 않는다. 그런데 가만히 보면 어떤 사람들은 강간죄를 폭력범죄, 상해죄와 구별하지 못하는 것 같다. '다친 곳도 없지 않느냐' '후유증이 남는 것도 아니고' '좀 무섭게 말은 했지만 때린 것은 아니다'…… 몸 어디가 부러지고 찢어져서 피가 줄줄 흐르고 장애가 생기고 하는 것, 즉 '몸에 대한 죄'라고 생각하는 것이리라.

이런 이들에게 설명하고 싶은 것이 있다. 앞에서 강간죄의 보호법익은 '성적 자기결정의 자유'라고 했다. 말이 어려운 것 같으니 다시 쉽게 직설적으로 고쳐 말한다. 강간이란 '누구와 섹스할지, 언제 섹스할지, 어디서 섹스할지, 어떻게 섹스할지, 왜 섹스할지 각자 알아서 정할 자유'를 침해하는 죄다. 이 자유는 모든 인간의 권리다. 성매매에 종사하는 여성이든, 클럽에서 매일 밤 원나이트를 하는 여성이든, 5분 전에 당신과 섹스를 마친 여성이든, 술자리에서 만취한 상태로 당신을 보며 계속 웃음을 보인 여성이든, 어떤 이유로든 지금 이 순간 당신과 섹스를 하고 싶지 않으면 하지 않을 자유가 있는 것이다. 당신과 섹스해야 할 의무 같은 것은 이중 어떤 경우에도 발생하지 않는다.

게다가 법은 동의하지 않은 성관계 모두를 처벌하는 것도 아니다. '상대방의 반항을 억압할 만한', 즉 상당히 무거운 폭행이나 협박을 가해 억지로 성행위를 한 경우에만 강간죄로 처벌하고 있다. '자유'에 대한 침해가 심각한 경우에만 처벌하고 있는 것이다. 이것이 무리한 요구인가? 법은 섹스를 하지 말라고 금지하는 것이 아니다. 그저 다른 모든 자유로운 주체 간의 행위들처럼, 자유무역처럼, 동업처럼, 부동산 매매처럼, 코스프레 동호회 사진 촬영회처럼, 합창단 공연처럼, 길거리농구처럼, 자유롭게 그걸 원하는 사람들끼리 하는 이상 법은 시민의 자유에 개입해서는 안 된다. 오로지 다른 시민의 자유를 침해해서 피해를 끼치는 경우에만 개입하는 것이다.

여자들은 원래 말로는 싫다고 하기 마련인데 어떻게 하냐고? 말로 싫다면 싫은 거다. 인간은 원래 말로 의사를 표현하지 않나요. 그래도 자신 없으면 간단하다. 애매한 사이에서는 안 하면 되는 거다. 눈만 맞으면 서로 알아서 이불 까는, 상호합의 과정이 이미 충분히 이행된 사이에서는 별문제가 생기지 않는다. 문제는 거의 대부분 '하면 된다' 박정희 정신으로 모든 애매한 신호를 자기 성기 측에 유리하게 억지로 해석하는 경우에 발생한다. 어떻게 초면에 그렇게 과감한지.

남성들에게 불공정한 점도 있었다. '성적 자기결정의 자유'를 보호법익으로 하면서도 강간죄의 대상은 여성으로 한정했었던 과거의 형법 조문이 그랬다. "폭행 또는 협박으로 부녀를 강간한 자는 3년 이상의 유기징역에 처한다"라고 되어 있었다. 여성들만 그런 자유가 있다는 것인지, 남성들의 자유는 너무나 당연하므로 침해당할 우려도 없다는 것인지 알쏭달쏭했다. 무려 2012년 12월 18일이 되어서야 비로소 강간죄의 객체가 '부녀' 대신 '사람'으로 개정되어 남성도 강간죄의 대상이 될 자격을 획득했다. 남성들도 '성적 자기결정의 자유'를 폭력으로 박탈당하는 대상이 될 수 있는 동등한 위치에 있다. 그러니 역지사지의 상상력을 발휘할 필요가 있다. 내가 원하지 않는 성적 행위를 내 의사와 관계없이 강요당한다는 것이 어떤 의미인지를.

## 과잉금지의
## 원칙

헌법 교과서를 보면 각종 자유의 카탈로그에 대해 설명하고 있다. 거주이전의 자유, 직업 선택의 자유, 표현의 자유, 종교의 자유, 예술의 자유, 영업의 자유…… 처음에는 나도 그런 방식을 취해 자유에 대해 써보려 했었다. 그런데, 생각하다 보니 굳이? 싶었다. 자유란 법에 의해 창설되는 것도 아니고, 법전에 열거되는 자유에 한정되는 것도 아니기 때문이다. 자유는 법 이전에 개개인이 가지고 태어난 권리다. 자유의 영역에는 제한이 없다. 인간 삶의 영역이 넓어질수록 자유의 카탈로그도 무한히 변화하고 확장될 것이다.

그래서, 나는 교과서에서 설명하지 않는 자유, 어떠한 틀에 갇히지 않는 자유에 대해서만 이야기했다. 유별날 자유, 비루할 자유, 불온할 자유, 나를 파괴할 자유같이. 노파심에 일러두지만, 이는 교과서에 나오는 명칭도 분류도 아니다. 그저 자유에 대한 내 설명의 방식이다. 사람들이 당연하게 받아들이는 영역보다 본능적으로 저항감을 느끼는 불편한 지점 언저리에 자유의 본질이 있다고 보기 때문이다.

자유에 대한 논의의 핵심은 오히려 '자유의 제한'에 있다. 자유에는 요건도 한계도 없다. 중요한 것은 자유에 대한 '제한'의 요건과 한계다. 어떤 경우에 천부인권인 개인의 자유를 제한할 수 있고, 제한하더라도 어떤 한계 이상은 침해할 수 없는지. 이는 개인의 자유와 공동체의 이익 양자 사이의 경계를 설정하는 문제이기도 하다.

국가가 개인의 자유와 권리를 제한할 때 따라야 할 요건과 한계가 바로 '과잉금지의 원칙'이다. 헌법재판소에 따르면, 이는 네 가지의 부분 원칙으로 나뉜다. 목적의 정당성, 방법의 적정성, 침해의 최소성, 법익의 균형성이다. 헌법 제37조 제2항은 "국민의 모든 자유와 권리는 국가안전보장·질서유지 또는 공공복리를 위하여 필요한 경우에 한하여 법률로써 제한할 수 있으며, 제한하는 경우에도 자유와 권리의 본질적인 내용을 침해할 수 없다"고 규정하고 있다. 이중에서 "필요한 경우에 한하여"가 과잉금지 원칙에 해당한다고 볼 수 있다.

이 조항은 국회가 국민의 자유와 권리를 제한하는 법률을 입법하는 경우에 관해 규정하고 있지만, 과잉금지 원칙은 입법 외에도 행정, 사법의 영역에도 적용된다. 국가가 특정 목적을 위해 세금을 올리고, 집회를 제한하고, 개인 정보를 수집하고, 범죄자를 처벌하고, 토지를 수용하고, 불법건축물을 철거하고, 영업을 제한하는 등 모든 국가 작용에 적용되는 것이다. 행정법의 기본원칙인 '비례의 원칙'은 헌법상 '과잉금지 원칙'과 동일한 원칙이고, 헌법재판소가 위헌법률 심사를 할 때 주로 기준으로 삼는 것도 과잉금지 원칙 위반 여부다. 아래에서 과잉금지의 원칙을 구성하는 네 가지 부분 원칙을 알기 쉽게 설명해본다.

첫번째, 목적의 정당성이다. '그거 왜 하는데?'의 영역이다. 개인의 자유와 권리를 제한하려면 정당한 목적이 있어야 한다. 목적은 헌법에 부합해야 한다. 하나님 왕국을 만들기 위해 모든 공립학교에 아침 예배를 의무화하는 법을 제정한다면? 종교의 자유를 규정한 헌법에 위반되는 목적이므로 위헌이다. 순수한 '배달의 민족' 혈통을 보존하기 위해 외국인과의 결혼을 제한한다면? '민족 혈통 보존'은 헌법이 지향하는 인간의 존엄성, 자유, 평등의 가치에 전혀 포함되지 않으므로 정당한 목적이 될 수 없다. 헌법재판소는 동성동본의 결혼을 금지하는 법률에 대해 동성동본 금혼은 우리 헌법상 혼인의 자유를 제한할 정당한 목적이 될 수 없다고 보아 위헌으로 결정했다(95헌가6 등 결정). 유교적 질서에 불과할 뿐 헌법이 말하는 '질서유지·공공복리'에 해당하지 않는다고 본 것이다. 예시에서 알 수 있듯이 목적의 정당성은 비교적 판단하기 쉽다. 대놓고 위헌적인 목적을 추구하는 입법이나 행정도 드물다. 문제는, 목적만 정당하면 되는 것 아니냐는 사고방식을 가진 사람들이 적지 않다는 점이다. 법치국가에서 중요한 것은 나머지 원칙들이다.

두번째, 방법의 적정성이다. 여기에는 두 가지가 포함된다. 방법이 목적 달성을 위한 유효한 수단이어야 하고, 방법 그 자체가 헌법 및 법률에 위반되지 않아야 한다. '그런다고 그게 되겠니?'와 '그건 반칙이잖아'라고나 할까. 예를 들어 국민의 주거복지 향상을 목적으로 부동산 거래를 제한하고 세금을 부과하는데 오히려 주택 공급은 줄고 집값이 천정부지로 뛰기만 한다면 유효성 측면에서 방법이 적정한지에 의문이 생긴다. 그래서 확실하게 효과 있는 대책을 세우겠다며 전국 주택 가격을 법으로 강제로 정한다면? "모든 국민의 재산권은 보장된다"(제23조)는 조항 및 "대한민국의 경제질서는 개인과 기업의 경제상의 자유와 창의를 존중함을 기본으로 한다"(제119조 제1항)는 조항에 위반되는 위헌적인 방법이다. 일반적인 방법으로는 증거를 잡기 어려운 권력형 범죄를 잡아내기 위해 도청, 증인 매수, 고문을 행한다면? 피의자를 압박하기 위해 피의자

가족 개인정보를 유출하고, 그들에게 위해를 가할 것처럼 협박하고, 언론에 불명예스러운 사실을 유출하여 고의적으로 망신 주기를 한다면? 어떤 숭고한 척하는 목적을 내세운다 하더라도 정의가 아니다. 범죄일 뿐이다.

세번째, 침해의 최소성이다. '그래도 그건 너무했네' 내지 '굳이 그렇게까지?'의 영역이다. 빈대 잡으려다 초가삼간 태우는 우를 범해서야 되겠는가. 정당한 목적, 적정한 방법이라 하더라도 가능한 여러 가지 방법 중에 개인의 자유와 권리 침해가 최소화되는 선택지를 택해야 한다는 것이다. 실질적 평등을 위한 조치라 하더라도 재산권 박탈에 가까운 과도한 세율, 다른 응시자들의 기회를 원천적으로 박탈하는 수준의 가산점 부여 등은 위헌이다. 헌법재판소는 혼인빙자간음죄에 대한 위헌 결정에서 성인이 어떤 종류의 성행위와 사랑을 하건, 그것은 원칙적으로 개인의 자유 영역에 속하고, 다만 그것이 외부에 표출되어 명백히 사회에 해악을 끼칠 때만 법률이 이를 규제하면 충분하다면서, 혼인빙자간음 행위를 형사처벌하는 것은 수단의 적절성과 피해의 최소성을 갖추지 못했다고 판단했다(2008헌바58 등 결정). 간통죄 위헌 결정도 비슷한 맥락이다. 형사처벌 대신 정신적 피해에 대한 손해배상 등 보다 덜 침해적인 수단을 선택하라는 것이다.

네번째, 법익의 균형성이다. '그것 때문에 그렇게?'라고나

할까. 닭 잡는 데 소 잡는 칼 쓰지 말라, 참새 잡느라 대포 쏘지 말라는 등의 격언을 떠올리면 된다. 추구하는 공익에 비해 그로 인해 침해되는 개인의 이익(사익)이 크다면 균형을 잃어버린 과도한 조치다. 말 그대로 '과잉금지'에 위반되는 것이다. 헌법재판소는 '낙태가 불가능한 시기 이후에도 태아의 성별 정보를 알려주지 못하게 하면 얻을 수 있는 공익은 별로 없는 반면, 의사의 직업수행 자유를 제한할 뿐 아니라 임부와 가족의 태아 성별 정보에 대한 접근을 방해하는 것으로 법익 균형성 요건을 갖추지 못한 것'이라고 보았고(2004헌마1010 등 결정), 특정 자동차운전학원 졸업생 중에서 교통사고를 낸 사람이 일정 비율을 초과하면 학원 등록을 취소하거나 영업정지를 명할 수 있도록 한 도로교통법 조항에 대해, '이 사건 조항으로 공익을 달성할 수 있을지 불투명한 반면, 제재를 당하는 운전학원은 충실히 운전 교육과 기능 검정을 했더라도 피할 수 없는 규제를 당할 수 있고, 제재에 따른 영업 손실이 더 큰 것'이어서 법익의 균형성 원칙에 위배된다고 판단했다(2004헌가 30 결정).

이 네 가지 원칙 중에서 헌법 재판에 가장 유용한 판단 기준은 무엇일까? 목적의 정당성이 문제되는 경우는 그리 많지 않다. 우리나라가 그래도 대놓고 위헌적인 목적의 입법이나 행정을 추진할 정도로 막돼먹은 수준의 나라는 아니기 때문이다. 어떤 정권이든 최소한 그럴듯한 명분으로 포장이라도 한다. 방법의 적정성도 마찬가지다. 대놓고 위헌, 위법적인 수단을 취하는 경우는 흔치 않다. 국가배상 소송 내지 고소 고발에 휘말릴 것이기 때문이다. 정책 목적을 위해 쓸모 있는 수단인가 하는 부분은 법원이나 헌법재판소가 판단하기 쉽지 않은 영역이다. 행정부의 전문성 있는 판단을 존중할 수밖에 없는 때가 많다. 4대강 사업으로 홍수가 예방되고 수질이 개선되는지, 아니면 그냥 엄청나게 '고급진' 자전거도로를 전국에 건설하는 사업인지 사전에 판단하기란 해당 분야 전문가에게도 쉬운 일은 아니다. 법익의 균형성은 보다 활발하게 판단 기준으로 사용된다. 그렇긴 하지만, 얻을 수 있는 공익과 그로 인해 침해되는 사익 중 어느 것이 더 큰지 비교하는 일 역시 법적인 판단을 넘어서는 전문적인 판단을 필요로 할 때가 많다. 달성 가능한 공익의 크기란 정책 판단의 영역이기 때문이다. 결국, 침해의 최소성이 가장 판단하기에 유용한 경우가 많다. 개인의 자유와 권리가 얼마나 침해되는지, 그것이 과도하지 않은지에 대한 판단이야말로 사법부의 고유 영역에 가깝다. 정치가 최대한을 추구한다면, 사법은 최소한을 추구한다.

정치인들은 본능적으로 가장 화끈하고 빠른 해결책을 선호한다. 프랑스의 장바티스트 제바리 교통부장관은 2020년 10월 언론매체와의 인터뷰에서 "사생활을 침해하지 않는 한 위험인물을 추적하고 테러를 막기 위해 안면인식 카메라 등 감시 기술을 사용해야 한다"고 밝혔다. 공공장소에 인공지능이 탑재된 안면인식 카메라를 설치해 수상한 움직임을 보이는 사람들을 미리 찾아내자는 것이다. 그리고 2021년 초 프랑스는 대중교통 운전자가 인공지능 감시 카메라를 사용해 마스크를 쓰지 않은 승객을 모니터링할 수 있는 법령을 공포했다. 니스 시장 등의 보수주의 정치인들은 '무슬림 테러와의 전쟁'에서 평화적 수단으로는 이길 수 없다고 주장한다. 놀라운 일이다. 자유, 인권, 사생활 보호의 오랜 전통을 가진 시민혁명의 본산지 프랑스에서 국가권력에 의한 무작위적인 감시 기술 사용이 시도되는 것이다.

물론 배경은 충분히 이해가 간다. 유럽 전역에서 극단 세력에 의한 테러가 이어지는데다 코로나 바이러스 공포가 극에 달한 상황이다. 또한 국가가 잠재적 위험을 완벽하게 실시간 감시할 수 있다면 빠른 대처가 가능하다. 중국에서는 이미 상당 부분 현실화되어 있는 일이기도 하다. 하지만 국가가 무수한 CCTV와 안면인식 기술을 통해 시민의 생활을 24시간 파악하고 감시할 수 있다는 것 자체가 테러와 바이러스 못지않은 공포와 위협이다. 우리는 이에 대해 조지 오웰의 소설 『1984』를 비롯한 숱한 디스토피아물을 통해 충분히 보지 않았나? 위기는 자유를 사치로 느끼게 만든다. 하지만 자유는 위기의 시대일수록 소중히 지켜야 그것을 영영 잃어버리는 비극을 막을 수 있다. 목적이 정당하고, 방법 면에서 매우 효과적이라 할지라도 국민의 자유와 권리를 제한하는 조치는 필요 최소한이어야 하고 신중해야 한다는 과잉금지 원칙은 개인들을 지키는 최후의 보루다.

2017년 12월 영국 카디프시 시민 에드 브리지스는 쇼핑을 하러 시내에 나갔다가 경찰의 안면인식 감시 카메라에 찍혔다. 영국 사우스웨일스와 런던 등에서는 경찰 밴에 안면인식 카메라를 설치하고 행인들을 무작위로 촬영해 이들의 생체인식 데이터를 범죄자 정보와 대조하는 조치를 2015년부터 시범 도입했다. 브리지스는 경찰이 동의 없이 자신을 촬영하고 정보화해 사생활을 침해했다고 주장하면서 소송을 제기했다. 1심은 경찰의 손을 들어줬다. 안전을 위해 필요한 조치라는 것이다. 하지만 2020년 8월, 항소법원은 경찰의 안면인식 기술 사용이 인권과 개인정보보호법에 위반된다면서 위법하다는 판결을 내렸다. 기술 사용에 있어 명백한 지침이 없음에도 개별 경찰에게 과도하게 재량권이 주어졌다는 것이다. 과잉금지 원칙은 이렇게 작용한다. 공권력이 일견 합당한 목적을 명분으로 너무 성급하게 한 방향으로 달려갈 때, 그 과정에서 놓치고 있는 것은 없는지 돌아보도록 만들어주는 것이다. '오바'하지 말라고.

## 아름다운 판결과
## 냉정한 판결

자유를 보장하기 위한 수단인 법치주의에 관해 많은 이야기를 했지만, 여전히 흔쾌히 납득하기 어려운 심정인 독자들이 많을 것이다. 이것저것 다 핑계 아닐까. 법이 약자를 돕고 정의를 실현하는 적극적 역할을 해야지, 시민사회에 함부로 개입하지 말아야 하고 개입하더라도 신중해야 하는 '최소한의 도덕'이라니, 이건 현실에 존재하는 불의와 불평등을 외면하는 보수적인 태도 아닐까. 결국 법은 강자의 편이라는 소리에 불과한 것 아닐까.

그렇게 생각할 수 있다. 솔직히 고백하자면, 초임 판사 시절의 나 역시 그렇게 생각했던 것 같다. 법을 기계적으로 글자 그대로만 해석하기보다, 법의 정신을 살려서 사회정의를 실현하기 위해 더 적극적으로 해석할 필요가 있지 않을까 생각하기도 했다. 법 해석과 판결에 있어서의 이런 태도를 '사법 적극주의'라고 부른다. 반대의 태도는 당연히 '사법 소극주의'다. 사법부는 권력분립의 원칙에 충실하게, 의회에 의해 만들어진 법을 문언 그대로 엄격하게 해석하고 적용하는 데 그쳐야 하며, 자의적으로 해석의 범위를 넓히는 것을 경계해야 한다는 입장이다. 정치는 정치의 영역에 맡겨야지 선출되지 않은 권력인 사법이 정치를 대신하려 들어서는 안 된다는 '사법 자제'를 원칙으로 삼는다.

당연히 사법 소극주의는 보수적일 수밖에 없다. 어떨 때는 답답할 정도로 법 바깥의 현실을 외면하고 법 자체에만 매달린다. 초임 판사 시절의 나는 적극적인 해석을 통해 기본권 보장에 충실한 진취적인 판결을 여럿 만들어낸 얼 워런 대법원장 시절의 미국 연방대법원을 동경했다. 기존 판례에 부합하는지만 따지며, 개별 사건에 가장 합당하고 살아 있는 결론을 내리길 두려워하는 듯한 선배 법관들의 태도에 불만을 갖기도 했다.

그러던 내 생각을 흔들어놓은 사건이 있었으니, 2004년 헌법재판소의 행정수도 이전 특별법 위헌 결정이었다. 서울이 대한민국의 수도라는 것은 조선 시대 이래 600여 년간 이어져온, 성문화되진 않았어도 법적 효력을 갖는 '관습헌법'이라는데, 과연 이런 이유로 사법적 판단을 내리는 것이 적절할까 의문이 들었다. 사법이 정치 영역에 과도하게 개입하는 것은 아닐까? 그렇게 생각하다보니 이 판결이 굉장히 '사법 적극주의'적인 판결임을 깨달았다. 그렇다. '적극' '소극'은 태도에 대한 서술일 뿐, 어떤 가치 지향을 지니지는 않았다. '진보적 사법 적극주의'가 있을 수 있듯 '보수적 사법 적극주의'도 있을 수 있다. 후자의 대표적인 예가 미국 루스벨트 대통령 시절의 미 연방대법원이다. 대공황으로 무너진 미국 경제를 일으키기 위해 루스벨트 대통령은 국가가 경제에 적극적으로 개입하고 경제적 약자를 보호하려는 뉴딜 정책을 펼쳤고, 이를 뒷받침하는 법들을 만들었다. 하지만 이에 대해 당시 미 연방대법원은 자유시장경제를 저해한다며 연이어 위헌 결정을 내렸다. 국가적 위기 시기임에도 행정부의 정책적 판단을 일단 존중하는 전통적인 '사법 자제'의 태도를 취하지 않고 정치의 영역에 적극 개입했다고 평가할 수 있는 것이다.

결국 '선의'만으로는 충분하지 않다. 각자의 역할에 충실할 필요가 있다. 사회에는 법만 필요한 것이 아니다. 정치도 필요하고, 윤리도덕도 필요하다. 각자가 자기 역할을 하는 사회가 건강한 사회다. 그중에서 법은 융통성 있고 발 빠른 역할을 담당하고 있지 않다. 법은 액셀러레이터가 아니라 브레이크 쪽이다. 개별 사건에서 정의로운 결론을 내는 것도 중요하지만, 그 결론은 철저히 국민의 대표가 제정한 법 안에서, 해석으로 가능한 범위 내에서 도출해야지, 이를 넘어서면 국회의 역할을 대신하는 것이다.

그리고 사법은 사람들에게 예측 가능한 기준을 제시하는 역할을 맡고 있다. 추상적인 법만으로는 어떤 행동이 적법하고 위법한지 시민들이 일일이 알기 어렵다. 판례가 중요한 건 그래서다. 법이 실생활에 적용되었을 때 어떤 결론이 나는지 다양한 예시를 제공하기 때문이다. 판례는 법관들뿐 아니라 시민들에게도 매뉴얼 역할을 한다. 매뉴얼이 이랬다저랬다 하면 사람들은 혼란에 빠진다. 대체 뭐가 법이라는 건지 당최 알 수 없게 된다. 어떤 때는 이렇게 하면 합법적 절세라고 하다가 어떤 때는 탈세라고 하면 무서워서 살 수 있겠는가? 그래서 사법에 있어서는 '구체적 타당성'만큼이나, 어쩌면 그 이상으로 '법적 안정성'도 중요한 가치다. 자유에 대한 제한이 들쑥날쑥하면 자유가 위축되기 때문이다. 법을 해석하고 적용하는 과정에서 법관이 하는 일은 법적 안정성의 틀 안에서 구체적 타당성을 추구하는 것이다. 때로 충돌하는 두 가치 사이에서 균형을 잡기란 결코 쉬운 일은 아니다.

이렇게 추상적으로만 설명하기보다 실제 사례를 들어 살펴보는 게 좋을 것 같다. 실제 판결이 어떻게 이루어지는지 그 사유의 과정을 알 수 있는 사례이기도 하고, 앞서 설명했던 '법치주의적 사고방식' 내지 '법학적 사고방식'을 잘 보여주는 예이기도 하다. 예전에 언론을 통해 널리 알려졌던 유명한 판결문이 하나 있다.

가을 들녘에는 황금물결이 일고, 집집마다 감나무엔 빨간 감이 익어간다. 가을걷이에 나선 농부의 입가엔 노랫가락이 흘러나오고, 바라보는 아낙의 얼굴엔 웃음꽃이 폈다. 홀로 사는 칠십 노인을 집에서 쫓아내달라고 요구하는 원고의 소장에서는 찬바람이 일고, 엄동설한에 길가에 나앉을 노인을 상상하는 이들의 눈가엔 물기가 맺힌다.

우리 모두는 차가운 머리만을 가진 사회보다 차가운 머리와 따뜻한 가슴을 함께 가진 사회에서 살기 원하기 때문에 법의 해석과 집행도 차가운 머리만이 아니라 따뜻한 가슴도 함께 갖고 하여야 한다고 믿는다. 이 사건에서 따뜻한 가슴만이 피고들의 편에 서 있는 것이 아니라 차가운 머리도 그들의 편에 함께 서 있다는 것이 우리의 견해이다.*

많은 사람들에게 감동을 주었던 판결문이다. 그런데, 그 후

---

* 대전고법 2006. 11. 1. 2006나1846 판결.

일담을 아는 사람은 드문 것 같다. 일명 '아름다운 판결'로 알려진 이 판결은 대법원에서 파기되었다. 대법원은 '아름다운 판결'에 대해 이렇게 대답했다.

원심은 이 사건에서의 특별한 사정에 대한 구체적 타당성 때문에 위와 같은 법적 안정성의 요청이 후퇴되어야 한다고 판단한 것으로도 보인다. 하지만, 특별한 사정이 있는 예외적 사안을 구체적 타당성 있게 해결한다는 명분으로 위와 같은 법률 해석의 본질과 원칙을 뛰어넘을 수는 없다. 무엇이 구체적 타당성 있는 해결인가 하는 문제는 차치하고서라도, 법률 해석의 본질과 원칙에서 벗어나 당해 사건에서의 구체적 타당성 확보라는 명분으로 일회적이고 예외적인 해석이 허용된다면, 법원이 언제 그와 같은 해석의 잣대를 들이댈지 알 수 없는 국민은 법관이 법률에 의한 재판이 아닌 자의적인 재판을 한다는 의심을 떨치지 못할 것이며, 이는 법원의 재판에 대한 국민의 신뢰를 크게 해칠 뿐만 아니라 모든 분쟁을 법원에 가져가보지 않고서는 해결할 수 없게 함으로써 법적 안정성을 심히 훼손하게 될 것이기 때문이다.*

어떤 느낌인가? 왠지 성격도 말투도 외모도 다른 두 사람의 대화 같지 않은가? 나름대로 드라마 작가이기도 해서 그런 지 나는 이 두 판결을 읽으며 두 캐릭터의 설전을 떠올렸다. 이해의 편의를 위해 '아름다운 판결'을 '온판', 대법원 판결을 '냉판'이라고 불러보자. 온판과 냉판은 인용한 부분 외에도 판결 곳곳에서 팽팽하게 말싸움을 벌이고 있다. 물론 사법 체계 안에서 대법원은 최종심이므로 법조인들은 두 판결을 대등한 두 사람의 대화로 비유하는 데 본능적으로 어색함을 느낄 것이다. 그러나 시민의 입장에서는 그렇지 않다. 법도 판결도 결국은 시민을 설득하기 위한 이야기다. 어느 이야기가 더 설득력이 있는지는 체계나 권위 이상으로 중요할 수 있다.

다만, 그 판단을 위해서는 먼저 이야기를 찬찬히 들어보아야 한다.

온판의 이야기는 이렇게 시작된다. 75세의 노인이 있다. 그의 아내는 십 년 전에 뇌경색이 발병한 후 대소변을 가리지 못할 정도로 심한 후유증이 남았기 때문에 그 무렵부터 그는 처 곁에 붙어 병수발을 하느라 다른 일은 제대로 할 수 없었다. 그런데 그가 사는 동네에 주택공사가 지은 서민형 임대주택단지가 들어서게 되었다. 그는 평소 그의 돈을 관리하며 일을 대신 봐주던 따로 사는 딸에게 이 임대주택 계약을 부탁했

---

* 대법원 2009. 4. 23. 2006다81035 판결.

다. 딸은 담당자를 찾아갔는데, 노인 이름으로 계약서를 작성하려면 다시 돌아가서 여러 가지 서류를 떼와야 한다는 말에 그냥 딸 본인 이름으로 임대차계약서를 작성했다. 노인의 아내는 임대주택 입주 후 얼마 지나지 않아 세상을 떠났고, 노인은 그 집에 홀로 살게 되었다. 딸은 이미 결혼해서 다른 도시에 살고 있었다.

문제는 임대 기간인 5년이 끝날 무렵 불거졌다. 임대주택법에 따르면 임대 기간이 끝나면 임차인은 집을 비워주거나, 아니면 돈을 어느 정도 더 내고 분양 전환을 받을 수 있다. 노인은 분양 전환을 받아 살던 집에서 계속 살기를 원했다. 하지만 주택공사는 노인에게 권리가 없다며 집을 비워줄 것을 요구했다. 임대주택법상 우선적으로 분양을 받을 수 있는 권리는 '입주일 이후부터 분양 전환 당시까지 당해 임대주택에 거주한 무주택자인 임차인'에게 있는데, 노인은 임대차계약서에 나오는 '임차인'이 아니고, 계약서에 나오는 임차인인 딸은 '무주택자'가 아니었기 때문이다. 공사는 결국 "홀로 사는 칠십 노인을 집에서 쫓아내달라고 요구하는" 찬바람이 이는 소장을 노인에게 보내고 말았다.

온판은 고민했다. 임대주택법의 목적을 먼저 생각해보자. 이 법은 집 없는 설움을 겪는 이들을 위해 저렴하게 살 집을 이 나라 곳곳에 만들자는 법이다. 그리고 이왕이면 평생 셋집에 살기보다는 일정 기간이 지나면 그사이에 모은 돈으로 내 집 마련을 할 기회를 주자는 법이다. 이 법이 '입주일 이후부터 분양 전환 당시까지 당해 임대주택에 거주한 무주택자인 임차인'이라는 요건을 정한 이유는 실제 이 임대주택에 살고 있는 집 없는 이에게 우선권을 주기 위함이다. 법을 해석할 때는 법 문구에서 출발해야 하지만, 그 법의 목적도 생각할 필요가 있다. 노인이 자기 이름으로 임대차계약서를 작성하지 않고 딸 이름으로 작성한 것은 잘못이다. 그렇다고 노인이 이 집의 실제 임차인이 아니라고 말할 수 있을까?

온판은 결국, 노인은 비록 임대차계약서 임차인 난에 나오는 임차인은 아니지만, 임대주택법의 취지상 우선 분양을 받을 수 있는 권리자인 '임차인'에는 해당한다는 결론을 내렸다. 그는 살던 집에 계속 살 권리가 있으니 내쫓을 수 없다는 것이다. 논증의 끝에 온판은 이렇게 덧붙였다.

가장 세심하고 사려 깊은 사람도 세상사 모두를 예상하고 대비할 수는 없는 법이다. 가장 사려 깊고 조심스럽게 만들어진 법도 세상사 모든 사안에서 명확한 정의의 지침을 제공하기는 어려운 법이다. 법은 장래 발생 가능한 다양한 사안을 예상하고 미리 만들어두는 일종의 기성복 같은 것이어서 아무리 다양한 치수의 옷을 만들어두어도 예상을 넘어 팔이 더 길거나 짧은 사람이 나오게 된다. 미리 만들어둔 옷 치수에 맞지 않다고 하여 당신의 팔이 너무 길거나 짧은 것은 당신의 잘못이니 당신에게 줄 옷은 없다고 말할 것인가? 아니면 다소 번거롭더라도 옷의 길이를 조금 늘이거나 줄여 수선해줄 것인가? 우리는 입법부가 만든 법률을 최종적으로 해석하고 집행하는 법원이 어느 정도 수선의 의무와 권한을 갖고 있다고 생각한다. 이는 의회가 만든 법률을 법원이 제멋대로 수정하는 것이 아니라 그 법률이 의도된 본래의 의미를 갖도록 보완하는 것이고 대한민국 헌법이 예정하고 있는 우리 헌법 체제의 일부라고 생각한다.

**하지만 냉판은 다르게 생각했다.**

법률의 문언 자체가 비교적 명확한 개념으로 구성되어 있다면 원칙적으로 더이상 다른 해석 방법은 활용할 필요가 없거나 제한될 수밖에 없고, 어떠한 법률의 규정에서 사용된 용어에 관하여 그 법률 및 규정의 입법 취지와 목적을 중시하여 문언의 통상적 의미와 다르게 해석하려 하더라도 당해 법률 내의 다른 규정들 및 다른 법률과의 체계적 관련성 내지 전체 법 체계와의 조화를 무시할 수 없으므로, 거기에는 일정한 한계가 있을 수밖에 없다.

 …이 친구는 역시 말을 어렵게 한다. 이해를 돕기 위해 내가 한번 풀어서 얘기해보겠다.

 온판이 좋은 뜻으로 고민한 것은 알겠다. 법을 해석하는 데 있어 문구뿐만 아니라 그 법의 목적을 고려해야 되는 것도 맞다. 문제는, 법에 나오는 문구가 애매한 경우와 딱 떨어지는 경우는 다르다는 것이다. '공공복리' '위험한 물건' 같은 문구는 그 말 자체만으로는 부족하고 입법 목적을 비롯한 여러 요소들을 함께 고민해서 해석하는 것이 맞다. 그런데 법에 '기린' '코끼리' '강아지' 같은 문구가 있다면 어떨까? 코끼리는 코끼리고 기린은 기린이다. 이런 경우는 딱 떨어지는 의미가 있으니 말 그대로 해석해야 된다. 만약 법을 만든 사람들이 코끼리에 대한 다른 계획이 있었다면 '이 법에서 코끼리라 함은 ~을 말한다'는 정의 규정을 두어야 한다.

 '임차인'은 어떤 경우일까? 임차인이 무엇인지에 대해서는 민사 문제의 기본 법률인 민법이 이미 정하고 있다. 대가를 주고 임대인으로부터 무엇을 빌려 쓰는 계약을 한 사람이다. 계약이란 두 사람의 뜻이 일치해야 하는 것이니까 임대인이 내 물건을 누구에게 빌려준다고 생각했는지도 중요하다. 인상 좋은 할머니를 만나 안심이 되어 계약서를 쓰고 내 집을 빌려드

렸는데, 몇 년이 지난 후 갑자기 처음 보는 네오나치풍의 청년이 나타나 실은 전세금도 내 돈이었고 실제 그 집에 산 것도 나와 내 친구들이니까 내가 임차인이다, 라고 주장한다면 당신은 뭐라고 할 것인가? 그건 댁들 사정이고, 내가 집을 빌려준 임차인은 할머님이다, 라고 하지 않을까?

임대주택법이 민법과 달리 보다 넓은 의미로 '임차인'이라는 말을 사용하려 했다면 그에 관한 정의 규정이 있어야 한다. 그런 규정은 없다. 그런데도 임대주택법의 코끼리와 민법의 코끼리는 서로 다르다고 해석하는 것은 판사 마음대로라는 불신을 낳지 않을까?

그래서 냉판은 "당해 사건에서의 구체적 타당성 확보라는 명분으로 일회적이고 예외적인 해석이 허용된다면, 법원이 언제 그와 같은 해석의 잣대를 들이밀지 알 수 없는 국민은 법관이 법률에 의한 재판이 아닌 자의적인 재판을 한다는 의심을 떨치지 못할 것"이라고 말하며 '아름다운 판결'을 파기했다. 노인은 살던 집에서 떠나야 했다. 그것도 10월 말 '엄동설한' 목전에 말이다.

…역시 가슴 아픈 결말이다. 냉판의 말이 머리로는 이해될지 몰라도 가슴은 다른 말을 한다. 그놈의 '법리'가 뭐고 '법적 안정성'이라는 게 뭐기에 한 사람이 삶의 터전에서 쫓겨나야 한단 말인가. 그런데, 곰곰이 더 생각해보면 다른 측면도 있다.

'구체적 타당성'이 사람을 위한 것이듯, '법적 안정성' 역시 사람을 위한 것이다. 다만 후자의 '사람'은 익명의 다수이기 때문에 눈에 잘 띄지 않을 뿐이다. 싼 임대주택에 입주하고 싶은 이들은 많다. 이 사건의 노인 못지않게 힘든 처지의 사람들도 많다. 임대 기간이 끝난 후 분양 전환을 받아 평생 꿈꾸던 내 집 마련을 하고 싶은 마음은 다들 마찬가지다. 그렇기 때문에 임대주택법은 일정한 자격 요건을 갖추고 선정 절차를 거쳐야 집을 빌릴 수 있도록 하고, 일단 빌린 집을 함부로 남에게 빌려주지 못하게 하고 있다. 형사처벌까지 할 정도다. 그만큼 집 없는 이들의 처지가 절박하기 때문이다. 발 빠른 이들 몇몇이 여러 사람 이름으로 임대주택 수십 채를 확보한 후 절박한 사람들에게 웃돈을 붙여 빌려준다면 어떨까. 집이 이미 있는 임차인이 분양 전환 시기에 갑자기 무주택 요건을 맞추기 위해 실제 임차인은 우리 가족이었다고 말을 맞추어 주장한다면 어떨까. 그로 인해 누군가 절실하게 집이 필요한 이가 기회를 잃게 된다면 그 또한 한 사람이 삶의 터전을 잃는 것 아닐까. 더 무서운 것은 신뢰의 상실이다. 번호표를 뽑고 묵묵히 몇 시간이고 기다리고 있는 사람들에게 무엇보다 중요한 것은 순서대로 정확하게 번호가 불리고 있다는 신뢰다.

세상의 갈등 모두가 선과 악의 대결, 또는 정의와 적폐의 대결이라고 생각하기 쉽다. 하지만 의외로 그중 많은 경우는 선의와 선의의 부딪힘이기도 하다. 임대주택법이야말로 공동체의 아름다운 선의에 터 잡은 법률이다. 임대주택법 제1조는 이 법의 목적은 국민의 주거생활을 안정시키는 것이라고 말한다. 이 법의 근거는 헌법이다. 대한민국 헌법 제35조 제3항은 "국가는 주택개발 정책 등을 통하여 모든 국민이 쾌적한 주거생활을 할 수 있도록 노력하여야 한다"고 명령하고 있다. 그 명령의 근거는 국민의 기본권이다. 모든 국민은 인간다운 생활을 할 권리를 가진다(헌법 제34조 제1항). 그 권리의 기초에는 결국 우리 헌법질서의 출발점인 '인간의 존엄성'이 있다. 모든 국민은 인간으로서의 존엄과 가치를 가지며, 행복을 추구할 권리를 가진다(헌법 제10조). 인간으로서 존엄을 지키기 위해 내 벗은 몸을 가리고 차가운 비바람을 피할 지상의 방 한 칸. 슬프게도 그 당연한 권리가 아직까지는 한정된 자원이기에 국가가 '노력하여야' 한다. 그런 현실이기에 임대주택법은 까다로운 요건과 절차 들을 정하고, 대법원은 그 요건을 함부로 넓게 해석할 수 없는 것이다.

그렇다면 온판은, '아름다운 판결'은 실패한 것일까? 의미 없는 짓을 한 것일까?

그렇지 않다.

'법적 안정성'도 '법리'도 결국은 사람을 위한 것이지만, 법을 다루는 사람들은 자칫 그것을 잊기 쉽다. 수학적인 공리公理

처럼 여기는 것이다. 이미 정답이 있다고 생각하면 예외의 가능성에 대해 고민하지 않게 된다. 온판은 질문을 던진 것이다. 달리 해석할 수는 없을까? 예외를 인정할 수 있는 경우는 아닐까? 그 바탕에는 지극한 마음이 있다. 하급심은 대법원과 달리 사람과 사람이 직접 마주 대하는 재판이다. 거기서 판사는 노인과 그 딸의 표정을 살피고, 목소리의 떨림을 듣는다. 고민하고, 의심하고, 되물어보는 과정 속에서 판사는 서류화할 수 없는 정보들을 얻는다. 그것을 소송법에서는 '변론 전체의 취지'라고 한다. 이를 토대로 온판은 이들이 거짓을 말하고 있지 않다는 확신, 그리고 이 노인을 길바닥에 나앉게 하는 것은 옳지 않다는 확신을 얻었기에 예외를 인정할 수 있지 않느냐는 질문을 던진 것이다. 이것이야말로 인공지능 판사가 할 수 없는 일이다. 누군가 이런 질문을 던져야 대법원도 고민한다. 그 과정에서 새로운 판례가 나오기도 한다. 기존의 법 규정상 어쩔 수 없어 판례가 바뀌지 않더라도 법이 바뀌기도 한다.

　결과적으로는 실패했을지 몰라도 온판의 시도는 노인에게 희망을 주었을 것이다. 여기서부터는 나의 상상에 불과하지만, 온판이 이렇게 이례적인 판결을 한 데는 숨은 바람이 있었을지도 모른다. 어쩌면 이 판결은 대법원을 설득하기 위한 판결이 아니라 이 사회를 설득하고, 주택공사를 설득하기 위한 판결이 아니었을까. 주택공사 측이 이 판결과 이 판결이 불러일

으킨 사회의 반응을 읽고 고민한 끝에 판결을 수용하기로 했다면 결과는 달라졌을 것이다.

그리고 온판이 이 정도로 지극히 노력했기에 대법원도 쉽게 내치지 못하고 3년이나 고심한 끝에 결론을 내렸다. 보통은 몇 달 지나지 않아서 이런 자세한 이유까지 쓰지 않은 채 '심리불속행 기각 판결'로 끝났을 사건이다. 그 고민의 기간에 노인은 조금이나마 더 삶의 터전을 지키며 숨을 고를 수 있었고 말이다.

이 사건의 대법원 판결을 읽다가 나도 모르게 미소 지은 순간이 있다. 앞에서 인용한 부분들처럼 엄숙하고 딱딱한 논리가 계속되다가, 말미에서 이렇게 시작하는 것이다.

> 나아가 원심에는, 피고1이 피고2를 위하여* 이 사건 임대차계약을 체결하는 과정에서 단지 수고와 번잡함을 피할 생각으로 자신 명의로 임대차계약을 체결한 것이므로, 피고2가 이 사건 임대차계약의 당사자 본인으로서의 임차인에 해당된다는 판단이 포함되었다고 볼 여지도 있다.

임대주택법상의 '임차인' 개념을 민법과 달리 더 넓게 잡

---

* 피고1이 딸이고 피고2가 노인이다.

는 해석은 불가능하지만, 혹시 노인을 민법상의 임차인 그 자체로 볼 여지는 없을까, 하는 자문자답이 있는 것이다. 계약 당시 주택공사 측이 계약서 명의와 상관없이 노인을 실제 임차인으로 알고 있었고, 그렇게 양해했다는 점에 대한 증거가 있다면 가능하긴 하다. 하지만, 그런 증거가 있었다면 저렇게 고민 많이 한 온판이 복잡한 법 해석론을 펼칠 필요 없이 이것을 이유로 판단하지 않았을까? 온판은 그러지 않았다. 이미 오래전 일이라 계약 당시 주택공사 측 담당자가 누구인지도 알 수 없고, 저렇게 볼 만한 증거도 없었기 때문이다. 그런데도 대법원은 군이 '이러이러한 판단이 포함되었다고 볼 여지도 있다'고 선언하고는 꼼꼼히 이리저리 온갖 증거들을 되짚어보더니, 역시 증거가 없어서 그렇게 볼 수도 없다는 것이다. 뭔가 아무리 그래도 이렇게 매몰차게 결론 내리는 게 마음에 걸린다는 듯이. …혹시 냉판 씨, 의외로 '츤데레'였던 것은 아닐까.

# 4부

# 공정도
# 공존을
# 위한 것이다

———

세상에서 제일 꼴 보기 싫은 게 뭘까?
다양하겠지만 가장 보편적인 답을 찾자면
'날로 먹는 꼴' 아닐까?

# 정의란
# 무엇인가

답하기 어려운 질문이다. 그나마 할 수 있는 답변이라면 사람들이 엄청나게 구매했지만 끝까지 읽은 사람은 거의 없다는 책의 제목이다, 정도? (나는 끝까지 읽었다는 점을 굳이 밝혀둔다.) 어렵지만 중요한 질문이다. 평등이란, 공정이란 무엇인가에 대한 질문이기도 하기 때문이다. 마이클 샌델 교수는 정의란 무엇인가! 하고 섹시한 질문을 던져놓고는 요리조리 다양한 입장만 제시하고 감질나게 열린 결말(?)에 가깝게 책을 썼다. 나는 그러지 않겠다. 내게 대단한 식견이 있어서가 아니라 모범답안이 있기 때문이다. 출간된 1971년 이후 50여 년째 세계적으로 '정의'에 관한 가장 표준적인 해석을 제공하고 있는, 말하자면 『수학의 정석』에 해당하는 명저가 있다. 샌델보다 훨씬 먼저 하버드 로스쿨 교수로 재직했던 존 롤스가 쓴『정의론』이다.

물론 수학이 아니기에 롤스의『정의론』만이 '정답'이라는 것은 아니다. 다양한 비판과 새로운 이론이 제기되고 있다. 마이클 샌델이 대치동 일타강사식으로 이게 정의다! 라고 책을 쓰지 않은 이유도 거기에 있다. 사실 샌델은 롤스의 제자인데 스승이 정립한 정의론에는 부족한 점이 있다며 나름의 입장을 자신의 책에서 제시하고 있다. 이에 대해서는 뒤에 덧붙이기로 하고, 우선 롤스의『정의론』에 대해 가능한 한 쉽게 내 식대로 설명해보고자 한다. 최소한 현재까지는 롤스의『정의론』이 우리나라를 포함하여 근대적·민주적 헌법 체제를 갖춘 국가들이 추구하는 평등 개념(형식적 평등과 실질적 평등)을 가장 잘 설명하고 있기 때문이다.

롤스『정의론』의 핵심, 요즘 말로 '킬링 포인트'만을 추려 낸다면 두 가지다. '무지의 베일', 그리고 '최소 수혜자 배려'. 문장으로 이어서 풀면 '사람들은 무지의 베일 속에서라면 최소 수혜자에게도 이득이 되는 사회계약에 합의할 것이다'가 되겠다. 얼핏 어려워 보이지만 절대 어려운 얘기가 아니다. 동네에서 발야구 하는 애들도 알 법한 얘기다. 코 찔찔 다섯 살부터 덩치 큰 열 살까지 다양한 아이들이 모여 동전 던지기로 팀원을 나눠 발야구를 하기로 했다고 치자. 어느 팀에 덩치 큰 열 살들이 많이 배정될지 동전을 던지기 전에는 알 수가 없다. 동전을 던진 결과가 편중되면 게임은 해보나 마나다. 코 찔찔 팀에 걸리면 아무리 열심히 뛰어도 20대0으로 지는 재미없는 게임만 반복하게 되니 의욕 없고 화만 나서 발야구고 뭐고 다 집어치우고 집에 가게 된다. 판이 깨지는 것이다.

똑똑한 아이들이라면 이럴 경우에 대비해서 미리 룰을 정할 것이다. 동전 던지기 결과 코 찔찔 다섯 살들이 많이 배정된 팀에는 5점을 미리 주기로 하는 등의 적절한 어드밴티지를 주는 식으로. 자기가 운 나쁘게 어느 팀에 걸릴지 아무도 모르기 때문에 이런 합의가 가능하다. 자기가 이기는 팀이 될 걸 미리 안다면, 그리고 계속해서 그 팀에 속하게 될 것을 안다면 그 운 좋은 아이는 손해보기 싫어서 악착같이 우길 것이다. 그런 게 어딨어! 스포츠는 공정해야지. 정정당당하게 실력대로 붙어서 졌으면 20대0이든 100대0이든 승복하는 게 정의야!

롤스『정의론』의 탁월한 점은 '무지의 베일'이라는 가정이다. '정의란 무엇인가'라는 질문에 대한 답을 쉽게 내리기 어려운 이유도, 세상 온갖 이슈에 대해 공정하다 불공정하다 죽자고 싸우지만 입장이 좁혀지지 않는 이유도 결국은 각자에게 이미 정해진 입장이 있기 때문이다. '정의란 강자의 이익에 불과하다'는 말은 모두가 합의할 수 있는 정의란 없다는 말이기도 하다. 내가 이기는 게 정의고 내게 유리한 게 정의니까.

이래서는 영원히 입씨름을 해도 공통의 원칙을 세울 방법이 없다. 그래서 롤스는 무지의 베일이라는 '사고 실험'을 제안한다. 만약 사회 구성원들이 자신의 능력, 사회경제적 지위를 모르는 상태에서 사회적 자원을 분배하는 원칙을 정한다면 어떤 룰을 선택할 것인가. 내가 곧 태어날 태아인데 빌 게이츠 손녀로 태어날지(정말 좋겠네) 아프리카 난민 캠프에서 태어날지 알 수 없다면, 내가 축구선수로 뛸 운명인데 손흥민 몸으로 태어날지 문유석 몸으로 태어날지 알 수 없다면 어떻게 할 것인가. 물론 인생 뭐 있어, 묻고 더블로 가! 외치며 100대0의 분배 원칙을 택하는 이도 있긴 할 것이지만 다수는 그런 '올인'은 겁낼 것이다. 그렇다고 0대100의 '역차별'을 선택할 리도 없다. 내가 이기는 팀으로 태어날 수도 있거든. 50대50 공산주의를 택할 사람도 많지는 않을 것이다. 내가 이기는 팀으로 태어났는데 그 혜택을 전혀 누리지 못한다면 그건 억울하니까.

70대30 정도면 어떨까. 내가 이기는 팀에 걸릴 경우 100은 아니지만 70 정도 갖고 있으면 충분히 누리며 살 수 있을 것 같다. 운 나쁘게 지는 팀에 걸리더라도 30이면 그래도 인간다운 삶은 보장될 것 같다. 여기서 70대30이란 내가 임의로 예시한 것에 불과하다. 차등은 있되 최소 수혜자도 어느 정도 만족할 수 있는 선에서 분배 원칙을 정할 가능성이 많다는 얘기다.

롤스는 '무지의 베일' 외에도 한 가지 가정을 더 덧붙였다. 각각의 개인이 합리적이며 상호 무관심하다는 가정이다. 무슨 뜻이냐면, 남이 더 잘되는 걸 지켜보는 고통이 내 이익이 늘어나는 것에 대한 만족을 상쇄해버리는 사람, 30을 받더라도 70 받은 자에 대한 시기심 때문에 죽을 것같이 고통스러워서 0대 100이나 하나도 다를 바가 없다(편익이 전혀 증진되지 않는다)는 사람은 합리적인 사람이라고 볼 수 없으므로 가정에서 배제한다는 것이다. 이런 사람의 선택지는 두 가지밖에 없다. 무조건 50대50으로 하든지, 아니면 운에 맡기고 차라리 100대0에 걸든지(역시 극좌와 극우는 통하는 것인가).

롤스는 공산주의자가 아니라 자유주의자다. 그의 정의에 관한 제1원칙은 먼저 사람들의 자유를 보장한다. 그런데 자유는 불평등을 낳는다. 사람마다 처한 처지와 능력이 다르기 때문이다. 그래서 그러한 불평등에도 불구하고 정의로운 사회이려면 무엇이 필요한지가 정의에 관한 제2원칙이다. 제2원칙은 기회균등 원칙과 차등 원칙으로 구성되어 있다. 기회균등 원칙은 먼저 모두에게 균등한 기회가 보장된 상태에서의 경쟁이어야 그 결과로 발생하는 불평등을 정당화할 수 있다는 것이고, 차등 원칙은 그 불평등이 모든 사람, 그중에서도 특히 사회의 최소 수혜자에게 그 불평등을 보상할 만한 이득을 가져오는 경우에만 정당하다고 본다. 앞에서 설명한 '무지의 베일'하에서라면 합리적인 사람들은 이와 같은 원칙들에 합의할 것이고, 이것이 가장 합리적인 '정의'라는 것이다.

익숙한 구조 아닌가? 헌법의 기본 구조와 일치한다. 정의의 제1원칙은 국민의 기본권 및 자유의 보장에 해당하고, 제2원칙 중 기회균등 원칙은 형식적 평등, 차등 원칙은 실질적 평등에 해당한다. 익숙할 수밖에 없는 것이 뿌리가 같기 때문이다. 롤스의 『정의론』은 현대 민주주의 헌법의 토대인 존 로크, 루소의 고전적 사회계약론을 더 정치하게 발전시킨 것이다.

'무지의 베일'과 함께 또하나의 킬링 포인트인 '차등 원칙'은 곱씹어볼수록 깊은 함의를 가지고 있다. 사회경제적 불평등은 사회의 최소 수혜자에게 그 불평등을 보상할 만한 이득을 가져오는 경우에만 정당하다. 이 원칙은 동전의 양면 같은 두 가지 측면을 가진다.

먼저 최소 수혜자를 배려하기 위한 조치들이 차등 원칙에서 나온다. 누진세가 대표적이다. 소득에 따라 세율이 높아지는 것은 불평등하지만 빈부격차를 줄이고 복지 재원을 마련해주니 최소 수혜자에게 이득이 되므로 정당화된다. 복지제도나 지원금제도, 할당제나 가산점제도 등 다양한 생존권 보장 장치, 적극적 차별 시정 조치의 근거가 된다.

반대로, 최대 수혜자들이 받는 높은 보상 역시 최소 수혜자에게도 이득을 가져와야 정의로운 것이다. 회사 CEO가 연봉 백억을 받는다고 해도 그가 경영을 잘해서 회사 직원들 모두의 월급도 오르고 스톡옵션으로 받은 주식의 가격도 올랐다면 그의 연봉은 사회적으로 정당한 것이다. 경영을 엉망으로 해서 회사가 어려워졌다면 당연히 그의 높은 연봉은 부당하다. 경영을 잘해서 회사 이익이 늘었다고 해도 그 늘어난 전부를 자기가 가져가고 회사 직원들에게는 아무런 이익이 없다면 그의 연봉은 정당화하기 어려워진다.

월드컵 4강을 이끈 박지성, 아시안게임 남자축구 금메달을 이끈 손흥민이 군 면제를 받는 특혜는 이들이 군복무 대신 멋진 축구를 계속 보여주는 것이 힘들게 일하는 많은 국민들에게도 기쁨을 주기 때문에 정당화된다. 아파트를 재건축하고 도심을 재개발할 때는 모두가 함께 이용할 수 있는 공원과 도로를 기부채납하고 도시를 보다 안전하고 쾌적하게 만들어야 조합원의 이익이 정당화된다. 차등 원칙은 만인의 만인에 대한 투쟁이 아닌 윈-윈이 가능하다는 것을 이야기해준다.

롤스의 『정의론』은 초기 자본주의 시대의 자유방임주의가 아니라 그로 인한 폐해를 반성하고 사회국가 원리를 도입한 현대 복지국가의 이상을 잘 설명해준다. 하지만 앞에서도 이야기했듯 롤스의 『정의론』 역시 비판받는다. 좌파가 보기에는 우파적이어서 비판받고, 우파가 보기에는 좌파적이어서 비판받는다. 자유지상주의에 가까운 미국 정치철학자 로버트 노직은 최초에 합법적으로 취득한 정당한 소유권이라면 배타적으로 유지되는 것이 정의롭다고 보며, 그로 인한 사회경제적 불평등은 고려의 대상이 아니라고 한다.

마이클 샌델은 이와는 다른 관점에서 롤스를 비판한다. 내 처지가 유리한 쪽인지 아닌지 알 수 없는 상황에서 합리적인 인간은 자기 이득을 위해 이러이러한 선택을 할 것이다, 라는 롤스의 논리 전개는 지나치게 개인주의적이고 가치 판단을 회피한 것이라는 문제 제기다. 샌델은 인간에게는 추구해야 할 옳은 행동, 즉 미덕이 있고, 정의의 문제를 논함에 있어 공동선이라는 미덕을 중심에 두지 않는 것은 공허하다고 본다. 이러한 그의 입장을 '공동체주의'라고 부른다. 글쎄. 샌델의 비판도 이해는 가지만, 과연 롤스가 공동선이라는 미덕을 부정해서 이러한 이론을 정립한 것일까? 롤스의 글을 읽다보면 마치 경제학 모델을 설명하듯 무색투명하고 냉정하게 논지를 펴고 있지만 결국 이 사람이 하고 싶은 이야기는 누구나 아는 아주 오래된 지혜, '더불어 살자'라는 생각이 든다. 조금 더 나누고 배려하며 더불어 사는 것이 정의라고 말하고 싶지만, 그렇게 말하면 벌떼같이 논리 없는 감성팔이다, 공동체의 미덕이라니 꼰대질이다, 라며 악을 쓰니까 그런 이들도 납득할 수 있도록 최대한 가치중립적인 논리를 치밀하게 구축한 것 아닐까 씁쓸한 상상을 해보기도 한다.

그렇다고 롤스의 『정의론』이 공정과 정의 문제를 뚝딱 해결해주는 요술 방망이는 아니다. 롤스는 그저 기본적인 생각의 틀을 제공해줄 뿐이다. 악마는 디테일에 있다. 최소 수혜자에게 과연 어느 정도 이득을 주어야 정의로운 것인지, 그것을 위해 나머지 사람들은 어느 정도의 손해를 감수해야 하는지에 대해서는 답을 주지 않는다. 롤스는 차등 원칙보다 기회 균등 원칙 및 정의의 제1원칙인 기본적 자유와 권리의 보장이 우선한다고 보았다. 그런데 현실에서 발생하는 문제들 대부분은, 최소 수혜자에게 이득을 주기 위해서 다른 사람들의 자유를 제한해야 할 때 일어난다.

　예를 들면 '타다'와 택시 기사들 사이의 분쟁 같은 경우다. 시민들 중에는 쾌적하고 편리한 타다를 선호하는 이들이 적지 않았다. 차량 공유 플랫폼 사업은 세계적인 추세이므로 우리도 혁신을 위해 이 추세를 따라야 한다는 입장도 많았다. 제러미 벤담식의 '최대 다수의 최대 행복'을 추구하는 공리주의에 따르면 '타다' 영업을 허용하는 것이 맞다. 그런데 그렇게 되면 다수의 행복을 위해 소수이고 사회경제적으로 더 어려운 처지에 있는 택시 기사들의 생존권을 침해하게 된다. 시청 앞에서 분신하는 기사들이 나오기 시작했다. 롤스의 『정의론』은 공리주의만으로는 소수를 보호할 수 없다고 보기에 최소 수혜자 배려를 요구한다. 여기까지는 좋다. 문제는 누가 어디까지 어떻게 배려해야 하는가에 대해 타협하기란 실로 어려운 일이라는 점이다. 그것이 정치다. 정치는 사람들의 삶을 건 투쟁에서 타협점을 찾는 지난한 과정이다. 다양한 타협안이 논의되었지만 결국 결렬되고 타다는 더이상 영업을 하지 못하게 되었다.

안마사 사건도 있었다. 헌법재판소는 2006년에 시각장애인들에게만 안마사 자격을 부여하는 복지부령이 다른 이들의 직업 선택의 자유를 침해한다며 위헌 결정을 했다. 그러자 절망한 시각장애인들의 반발이 이어졌고 3명이 마포대교에서 투신하여 목숨을 잃었다. 국회는 위헌 결정에도 불구하고 상위법인 의료법에 시각장애인의 안마사 자격 독점에 관한 규정을 넣는 법 개정을 하여 극단적인 상황을 저지했고, 개정법을 두고 제기된 헌법소원에 대해 헌재는 2년 만에 정반대의 결론을 내렸다. 복지 정책이 미흡한 현실에서 안마사가 시각장애인이 택할 수 있는 유일한 직업이라며 실질적인 평등 구현을 위해 소수자인 시각장애인들을 우대하는 조치를 취할 필요가 있다고 인정하고, 개정법을 합헌이라고 결정한 것이다.

현실에서 정의를 찾는 일은 결코 쉽지 않다. 하지만 헌법이, 그리고 롤스의 『정의론』이 제시하는 방향은 분명히 있다. 더 많은 자유와 창의, 혁신을 보장하고 장려하는 것이 우리 헌법질서의 근본이다. 언제까지나 과거의 일자리와 산업 구조에 머물러 있을 수는 없다. 다만 자유와 혁신을 추구하는 과정에서 생존을 위한 대안이 없는 최소 수혜자들을 무작정 희생시킬 수는 없다. 혁신가들은 뒤처진 이들도 함께 살 수 있는 윈-윈 방안을 고민해야 하고, 정부는 적극적으로 이를 뒷받침해야 한다. 이 모든 노력에도 불구하고 최소 수혜자들을 설득할 수 없다면, 안타깝지만 아직은 시기가 아닌 것이다. 그것은 아직 충분히 창조적인 혁신이 이루어지지 않았기 때문일 수 있다.

혁신이 사회 전체적으로 낳는 편익이 충분히 크다면 상황은 달라진다. 자율주행 기술이 더 발전하고 이를 기반으로 한 차량 공유 플랫폼 사업이 낳는 혁신과 이익이 충분히 커진다면 기존 택시업계 종사자들을 흡수하거나 다른 직종으로 전환하기까지의 단절을 책임져줄 수 있을 만큼의 여력이 사회 전체에도 생긴다. 시각장애인이 안마사 외에도 생계를 유지할 수 있는 다른 일자리들이 충분히 생긴다면 누구든 안마사를 할 수 있도록 법은 쉽게 개정될 것이다. 이것이 발전이다. 자유가 사회를 견인하되, 그 속도가 누군가를 낙오시켜 쓰러지게 만들지 않도록 평등이 제어하는 것. 무조건 달려나가는 것이 아니라 아직은 시기가 아니라면 잠시 멈출 줄도 아는 것. 어쩌면 그 망설임의 순간이 '정의란 무엇인가'라는 어려운 질문에 대한 하나의 답일지도 모르겠다.

## 우리가 바라는
## 공정한 지옥

　세상에서 제일 꼴 보기 싫은 게 뭘까? 다양하겠지만 가장 보편적인 답을 찾자면 '날로 먹는 꼴' 아닐까? 분노 버튼이 가장 빨리 눌리는 이야기 중 하나가 조별과제 무임승차자 스토리다. 나 혼자 끙끙대며 잘해보려고 아이디어 내고 과제 분담하자고 해도 열심히 함께하는 사람은 언제나 소수. 미꾸라지같이 요리조리 힘든 일은 안 맡으려고 빼는 얌체들은 어디나 존재한다. 이런 얘기들과 거기 달리는 댓글들을 읽어보면 무임승차자에 대한 살의는 거의 연쇄살인범에 대한 그것 못지않은 것 같다.

　그런데 가만히 생각해보면 세상 전체가 조별과제와 비슷하게 돌아가는 건 아닐까? 나만 빼고 모두가 날로 먹고 있는 것 같다. 나는 이렇게 생고생하는데! 공채 시험 합격이니 정규직이니 관리자 승진이니 하다못해 직장 선배니 고참이니 뭔가 감투 하나를 먼저 꿰찬 사람들은 그렇지 못한 사람들에게 궂은일을 떠넘기고 웰빙을 즐기는 것 같다. 일단 성벽 안에 들어갔다는 이유로 더이상 노력하지 않고 필사적으로 자기 자리를 지키며 새로 진입하려는 사람들의 사다리를 걷어차는 곳이 이 사회가 아닌가 하는 분노의 소리가 드높다.

이런 관점에서 세상을 바라보면 세상은 온통 잉여 인력과 무임승차자 투성이다. 세 명이면 충분한 부서에서 다섯 명씩 일하며 월급 루팡, 나이 먹어서 생산성도 젊은 후배들보다 떨어지는 주제에 나이가 벼슬이라고 높은 연봉 받는 부장들의 꼰대질 등등.

'날로 먹는' 행위를 고급지게 표현하면 '지대地代 추구 행위'가 된다. 지대란 땅을 빌려주고 받는 돈이다. 여기서 비롯하여, 어떤 기득권에 기반해서 불로소득을 얻으려는 행위를 지대 추구 행위라고 부른다. 요즈음 우리 사회를 달구고 있는 불공정에 대한 분노 중 상당 부분은 이러한 지대 추구 행위에 대한 분노이기도 하다. 모두가 목숨걸고 생존경쟁을 하는 각박한 현실에서 경쟁하지 않고 이득을 얻으려는 시도는 분노를 자아낸다. 무임승차나 지대 추구 행위에 대한 분노는 사회적 동물로 진화해온 인간에게 무척이나 자연스러운 감정이다.

무임승차만으로도 분노를 참기 어려운데 그 정도를 넘어서 반칙과 특혜가 판을 친다면 어떨까. 역사가 답을 해준다. 한국사 시간에 지겹도록 배우지 않았나. 나라가 망조 들 때 벌어지는 일들은 항상 비슷하다. 소수 대귀족의 사유토지 증가로 대농장화, 백성에게 가혹한 각종 세부담 증가, 귀족 자제 중심의 사학私學 증가와 고위 관리 자제를 특채하는 문음門蔭, 음서蔭敍 제도 확대로 지배 계급의 세습 구조 공고화, 과거제의 붕괴로 서민 계층에서 지배 엘리트로 신분 상승하는 통로 폐쇄. 이러다가 결국 백성들이 죽창 들고 일어나 민란이 일어나는데, 그래도 특권 계급이 정신 못 차리고 백성 때려잡으며 버티고 있으면 주변의 외세가 허약해진 나라를 집어삼키러 쳐들어온다.

역사로부터 배운다는 것은 쉽지 않은 일인가보다. 왕조 시대의 역사는 고사하고 바로 직전 정권에서 벌어져 국민을 분노케 했던 입시 비리, 권력형 비리가 그 정권을 무너뜨리고 들어선 다음 정권에서도 반복된다면 우리는 절망할 수밖에 없다.

'공정성'이 최고의 화두가 된 지 오래다. 이제 좀 지겨울 정도다. 대학입시제도를 둘러싼 수시/정시 논쟁, 법조인 양성 제도를 둘러싼 로스쿨/사시 논쟁, 취업경쟁에서의 공정성 논쟁, 비정규직의 정규직화 관련 논쟁……

우리 사회에서 주로 논쟁의 대상이 되는 공정성이란 한 사회에서 좋은 대학, 번듯한 일자리같이 희소한 자원을 어떻게 분배할 것인가의 문제에 집중되어 있다. 이는 헌법상의 평등 원칙과 결부된다. 반칙과 특혜가 난무하는 불평등한 세상에 대한 분노는 인류의 진보를 이끌어온 동력이다. 헌법 제11조 제1항은 "모든 국민은 법 앞에 평등하다. 누구든지 성별·종교 또는 사회적 신분에 의하여 정치적·경제적·사회적·문화적 생활의 모든 영역에 있어서 차별을 받지 아니한다"고 규정하고 있다.

이 원칙이 사회를 구성하는 기본 원리가 되기까지 숱한 혁명이 있었고 많은 이들이 피를 흘려야만 했다. 세습되는 권력과 특혜에 대한 저항은 현대 민주국가의 탄생 이유와도 같은 것이다. 입시, 취업, 부의 상속 등의 영역에서 집요하게 되풀이되는 기득권층의 반칙과 특혜는 결국 헌법이 금지하는 '사회적 신분'을 세습하려는 시도이기에 반헌법적이다. 이에 대한 분노는 정당하다. 왕조 시대에 그나마 하나 있던 계층 상승의 사다리였던 과거제도의 공정성마저 무너지던 시절, 그것 하나 믿고 몇 년씩 호롱불에 책을 비추어 글공부하던 전국 방방곡곡 유생들의 절망이 어땠겠는가.

게다가 지금은 미래가 현재보다 나으리라는 보장이 없는 저성장 시대다. 고속성장 시대에도 반칙과 특혜가 있었지만 지금보다 나눌 수 있는 파이가 컸다. 누군가 반칙으로 작년보다 백 퍼센트 더 벌었다지만 평범한 나도 30퍼센트는 더 버는 상황이라면 그 가속도에 취하여 경쟁자들에 대해 신경을 덜 써도 된다. 명문대에 가지 않아도 학점이 좋지 않아도 일자리 얻는 데 큰 어려움이 없다면 입시 비리, 취업 비리에 대해 덜 예민해진다. 지금은 다르다. 교수들의 이야기를 들어보면 심지어 로스쿨 학생들이나 의대생들도 미래에 대한 불안 때문에 불안장애, 우울증 진단을 받는 경우가 흔하다고 한다. 그 살벌한 입시경쟁의 최종 승자 그룹이 이렇다면 대체 나머지 학생들은 어떻겠는가. 이런 상황에서 다른 건 기대하지도 않으니 딱 하나, 경쟁이라도 공정하기를, 내가 할 수 있는 유일한 방법인 노력의 가치만큼은 무시당하지 않기를 간절히 바라는 것은 너무나 당연한 일이다.

문제는, 관성의 법칙에 따라 한번 질주하기 시작한 흐름은 적당한 곳에 멈추지 못한다는 점이다. 지금 제기되는 공정성에 대한 요구는 분명히 정당한 분노에서 시작되었는데, 그 흐름이 강하게, 오래 계속되다보니 일부 걱정스러운 주장들도 늘어난다. 종교, 민족주의, 페미니즘, 환경보호…… 어떤 영역이든 정당하게 시작한 흐름이 어느 순간 극단주의, 근본주의에 휘둘리기 시작하는 시기가 온다. 논의가 복잡해질수록 선명해 보이는 주장이 오히려 매력적으로 다가오기 때문이다. 공정에 대해서도 인터넷 댓글, 유튜브, 소셜 미디어 할 것 없이 갈수록 근본주의적 주장들이 득세하는 경향이 있다. '시험' '노력' '능력' '경쟁'을 극단적으로 찬양하고, 그 외의 가치를 불순물 취급하며 배격하는 경향이 그것이다.

이는 시험 점수에 의한 자원 배분 외에는 모두 불공정한 특혜이고 반칙이라고 공격하는 '시험 근본주의'라고 부를 수 있다. 시험 점수야말로 조작과 특혜가 개입될 여지 없이 오로지 잠을 줄여가며 책상 앞에 앉아 불철주야 노력한 결과로 측정되는 것이기에 공정하다는 것이다. 이런 점에서 '노력 근본주의'라고도 할 수 있겠다.

수능 점수 외에는 불신하면서 수시 전형으로 합격한 학우들에게 '수시충' '지균충'이라는 혐오의 레테르를 붙이는 입장, 비정규직 노동자들의 정규직 전환 주장에 대해 취업 시험에 힘들게 합격해 정규직이 된 사람들에 대한 역차별이라며 반발하는 입장에서 특히 이러한 사고방식을 볼 수 있다. 이러한 생각은 사회적 약자, 소수자를 배려하기 위한 '적극적 차별 시정 조치'에 대한 반발로 연결되기 마련이다. 사회적 배려는 '감성팔이' 또는 '떼법'에 불과하고 철저한 자유경쟁과 결과에 대한 승복만이 공정하다는 것이다. 경제 영역에서의 시장 근본주의와 통하는 사고방식이다.

왜 이런 생각을 하게 되는지는 납득이 된다. 앞서 말했듯이 구조적으로 성공의 기회가 줄어드는 저성장 사회에서 할 수 있는 것은 노력뿐인 사람들이 너무나 많은 것이다. 그렇지만 이들이 주장하는 '공정성'에 대해서는 되짚어볼 점이 많다. 어느 한 가지 가치만이 중요하다는 주장을 검증해보기 위한 좋은 방법은 그 주장의 논리대로 끝까지 가보는 방법이다. 이들이 치를 떨며 비판하는 '감성팔이'가 아니라 이들이 지지하는 '시장 논리'를 철저히 관철하는 사고 실험을 해보자.

내가 기업주라면, 우선 '왜 시험 점수에 따라 사람을 채용해야 하는가?'라는 질문부터 던질 것 같다. 기업주 입장에서는 기업의 이윤 극대화가 최대의 관심사다. 회사에 돈을 벌어다주는 사람이 최고의 인재다. 그 사람이 어느 대학을 나왔든 공채 시험 수석이든, 회사에 돈을 벌어다주지 못하면 잉여 인력이고 무임승차자다. 만일 아무런 법적·사회적 제약이 없다면 기업주에게 경제적으로 가장 합리적인 선택은 '금수저'부터 채용하는 것일지도 모른다. 금수저 주변에는 금수저가 있다. 인맥, 네트워크는 강력한 자산이다. 마케팅을 하든, 자금 조달을 하든, 사업에 필요한 인허가를 받아오든, 강력한 인맥이 있는 금수저는 기업의 큰 자산이다. '엄빠 찬스'를 쓸 수 있으면 금상첨화다. 인질을 데리고 있는 것이나 다름없다. 자녀가 다니는 기업을 위해 팔이 안으로 굽을 고위 관료나 은행 간부는 많다.

금수저가 동이 나면 명문대 간판을 가진 사람부터 채용할 것이다. 명문대생이라고 더 일을 잘하느냐고? 그거야 알 수 없지. 다만 확실한 것은 금수저 주변에 금수저가 있듯, 명문대생 주변에는 명문대 선후배들이 있다. 이윤 극대화를 위해서는 학벌주의 연고주의가 옳은가 그른가 백분토론 하고 앉아 있는 직원보다, "형, 저 ○○학번 누군데요, 저번 동문회 때 뵀죠?"라며 인허가 부서 공무원 또는 대기업 구매 담당자에게 전화를 걸고 있는 직원이 필요하다.

재능이 뛰어난 창의적 인재도 있어야 되지 않겠느냐고? 물론이다. 기업에 떼돈을 벌어줄 인재를 마다할 기업주는 없다. 웃돈을 주고라도 모셔온다. 다만, 그런 인재는 애초에 그리 많지 않고, 이미 알아서 어딘가에서 모셔갔거나 스스로 창업했다.

기업에서 필요로 하는 인력 중 대부분은 주어진 자리에서 주어진 일을 성실히 잘해낼 사람들이다. 그런데, 뽑자마자 당장 주어진 일을 잘해낼 가능성이 높은 직원을 찾는 가장 좋은 방법은 이미 그 일을 잘하고 있는 사람 중에서 찾는 것이다. 경력직 채용이 늘어나는 이유다.

이런 식으로 따져보면 공채 시험은 기업주 입장에서 로또 긁기나 다름없다. 게다가 요즘은 출신 대학도 집안 환경도 가린 채 '공정하게' 뽑으라고 사회가 난리다. 블라인드 채용이 강요되는 것이다. 그래서 심층면접도 도입하고 안간힘을 써보지만 이 자가 정말 뽑아놓으면 기업에 돈을 벌어다줄지 확실히 알 수 있는 방법은 없다. 실제 세상에서 필요로 하는 능력은 시험을 보는 능력하고는 전혀 다르기 때문이다. 유일하게 걸어보는 희망은 이런 무지막지한 경쟁률을 뚫기 위해 다년간 노력한 걸로 보아 최소한 성실성은 담보할 수 있지 않을까 하는 것인데, 화장실에 들어갈 때와 나올 때 입장이 다른 것이 또 인간. 정규직이 된 후에 월급 루팡으로 돌변하지 않으리라는 보장은 없다. 아, 기업주 입장에 서보니 눈물이 앞을 가릴 지경이다.

그런데 시험을 통한 경쟁만이 공정하고 시장경제에 맞는 거라고? 내가 왜 당신의 '노오력'에 대해 보상해야 되는데? 그거 '감성팔이' 아냐? '떼법' 아닌가?

…대답이 어렵다면 시장 논리만으로 답을 하려 했기 때문일 것이다.

대신 답하자면, '공공성' 때문이다. 그렇다. 겉은 자유경쟁 및 결과에 대한 승복으로 포장되어 마치 냉정한 시장 논리에 부합하는 것 같지만 시험을 통한 자원 배분 역시 효율성의 요구보다는 공공성의 요구가 더 큰 배경을 이루고 있다. 이윤 극대화를 위해서는 훨씬 효율적인 수단들이 있음에도 불구하고 공개 채용, 그것도 '블라인드' 공개 채용을 기업에게 요구하는 것은 영업의 자유에 대한 제한이다. 다만 그것이 '공공복리'에 부합하기에 정당화된다. 시험 만능을 주장하는 당신 역시 일종의 '사회적 배려' 대상자인 것이다.

당신이 죽어라 외우고 있는 평생 한 번 쓸지 안 쓸지 모르는 영어 단어나 시사 상식이 실제 업무 능력을 보여주는 지표여서가 아니라, 성실하게 노력하는 사람들에게 기회가 돌아가는 사회가 우연히 타고난 금수저만 기회를 독식하는 사회보다 다수에게 행복할 기회를 줄 수 있기에, 그리고 노력에 사회적으로 가치를 부여하는 사회가 그렇지 않은 사회보다 생산적이고 안정적이기에 사회는 시험을 통한 취업이라는 시스템을 채택하고 있다.

노력에 대한 사회적 평가가 공공성에 기반을 두고 있듯이, 능력에 대한 사회적 평가 역시 공공성과 관계없는 자연법칙이 아니다. 사람들은 흔히 능력에 따른 차별은 물이 위에서 아래로 흐르는 것처럼 당연하다고 생각하곤 한다. 그런데, 곰곰이 생각해보면 그리 쉽지 않은 질문들이 꼬리를 문다.

우선 왜 타고난 '금수저'는 사회적으로 평가받으면 안 되고 타고난 능력은 평가받아야 되는가? 타고난 재산이나 신분에 따른 사회적 자원 배분을 정의롭다고 말할 사람은 없을 것이다. 반면 타고난 능력에 따른 배분에 대해서는 딱 부러지게 이의를 제기하기가 쉽지 않다. '우연성'에 대한 보상이라는 점에 대해서는 양자가 다를 것이 없는데 왜 어떤 종류의 우연성은 배척되고 어떤 종류의 우연성은 보상받는가? 이종범의 아들 이정후가 대를 이어 타격 천재로 맹활약하는 데는 박수를 보내는 사람들이 왜 재벌 2세가 회사를 물려받는 것에는 비판을 할까?

'공공복리'에 미치는 영향이 다르기 때문이다. 그 일을 잘할 능력이 있는 사람에게 기회가 돌아가면 성과를 낸다. 스포츠 선수가 잘해서 팀이 이기면 팬들이 행복하고 팀과 관련된 사람들이 돈을 번다. 경영 능력이 뛰어난 사람이 경영자 자리에 오르면 주주도 직원도 거래처도 소비자도 득을 본다. 반대로 그 일을 할 능력은 없는데 '금수저'라는 이유로 주전 선수 자리를 꿰차거나 회사 경영자 자리에 오르면 팀이 지고 회사가 망한다. 물려받은 재산을 펑펑 쓰며 사는 것은 개인 자유이지만 다른 사람들에게까지 영향을 미치는 기회를 함부로 줘서는 안 된다. 모두에게 손해이기 때문이다. 반대로 능력 있는 사람에게 기회를 주는 것 역시 그것이 모두에게 이익이 될 가능성이 높기 때문이다.

생각해보면 어떤 능력이 필요한 능력인지부터 사회를 떠나서는 규정하기 어렵다. 인간은 사회적 동물이기 때문이다. 혼자 사냥하는 육식동물이라면 사회와 무관한 개인의 고유한 능력을 주장할 수도 있겠지만 인간은 그렇지 못하다. 어떤 시대, 어떤 사회에 태어났느냐에 따라 능력 있는 사람이 되기도 하고 그렇지 못하기도 하다. 나만 해도 문자 발명 이전 시대에 태어났으면 밥만 축내는 식충이였을 것이 확실하다. 반대로 유튜브라는 플랫폼의 발명은 예전 같으면 '밥만 축내는 식충이' 취급을 받았을지도 모를 사람들을 '먹방 스타'로 거듭나게 만들었다.

대학입시에 필요한 '수학 능력'도 마찬가지다. 시험 점수를 잘 받은 개인으로서는 수학 능력이 증명되었다고 주장하겠지만, 사회의 입장에서 보면 그리 단순하게 평가하기는 어렵다. 좋은 대학에서 좋은 교수에게 배울 기회는 한정된 자원이다. 이 자원을 가장 능력 있는 사람에게 배분해야 사회적으로도 최선의 결과물을 기대할 수 있다. 대치동에서 부유한 부모의 전폭적 지원하에 최고의 사교육을 받으며 공부에만 전념한 학생이 받은 점수와 지방에서 부모 지원 없이 근로장학생으로 일하며 공교육만으로 공부한 학생이 받은 점수를 똑같이 평가할 수 있을까? 장애까지 있는 학생이라면?

어차피 시험 점수라는 것은 그 사람의 능력을 평가하기 위한 지표에 불과하지 그 자체가 성과는 아니다. 학업에서 더 큰 성과를 낼 가능성이라는 관점에서 보면 '잠재 능력'을 평가해야 하지 않을까? 양다리에 무거운 모래주머니를 달고 맨발로 뛰는 육상 선수와 최신 공법으로 만든 운동화를 신고 뛰는 선수가 달린 기록을 똑같이 평가하는 스카우트는 무능하다는 평가를 피할 수 없을 것이다. 핸디캡에 대한 가중치를 줘야 비로소 진짜로 능력 있는 사람을 뽑을 수 있다. 학업이든 직업이든 예측할 수 없는 새로운 과제를 끊임없이 해결해나가는 것이 진짜 능력이고, 그걸 제대로 평가하기란 간단한 문제가 아니다. 다양한 핸디캡을 가진 소수자들에게 우대조치를 취하는 것은 단순한 시혜가 아니다. 그들의 잠재 능력을 정당하게 평가하기 위한 노력이다. 꽃은 어디에서든 피어난다. 우리가 알아보지 못할 뿐이지.

노력도 능력도 그 자체로 당연히 보상받아야 되는 가치가 아니라 사회적으로 의미 있기에 보상받는 것이라는 점을 생각한다면 한발 더 나아가볼 수 있다. 사회는 다양한 사람들로 구성된다. 그중 특정 계층, 특정 인종, 특정 성별에게 기회가 집중되어 있고 나머지는 소외되어 있다고 하자. 지금 현재로서는 그 특정 사람들의 능력이 더 뛰어난 것이 맞다고 치자. 그렇다고 그들만 기회를 독점하도록 하는 것이 사회적으로 더 나은 길일까? 앞에서 노력에 대해 사회가 보상하는 이유는 단지 효율성 때문이 아니라 누구나 노력하면 보상받는 사회가 그렇지 않은 사회보다 생산적이고 안정적이기 때문이라고 했다. 어린애들조차 소꿉놀이를 계속하고 싶으면 친구에게 자기가 좋아하는 인형을 양보한다. 친구들이 삐져서 가버리면 혼자 인형을 들고 있어봤자 놀이를 할 수 없기 때문이다. 놀이를 계속하려면 양보와 배려가 필요하다. 사회를 유지하기 위한 배려의 혜택은 결국 사회 구성원 모두에게 돌아간다. 판이 깨지는 것을 막고 생태계를 순환하게 만들어주기 때문이다.

무한경쟁 자체를 신성시하는 '경쟁 근본주의'도 되짚어볼 필요가 있다. '완벽하게 공정하게 경쟁하는 사회'에 대한 사고 실험을 해보자. 이 세상에서는 철저히 성과에 따른 객관적인 평가만을 기준으로 보상이 주어지고 일자리가 유지되어야 한다. 이 세상에서 당신은 단 하루도 경쟁에서 자유로울 수 없다. 경쟁이란 24시간, 365일 계속되는 것이기 때문이다. 어제의 노력과 성과는 어제로 이미 평가가 끝난 것, 오늘은 새로운 태양이 뜨고 오늘은 오늘치의 경쟁을 해서 당신의 가치를 입증해야 한다. 입사경쟁을 뚫은 후에도 끊임없이 실적경쟁에서 이겨야 살아남을 수 있다. 성과를 내지 못하는 자는 가차없이 해고되어 성과를 낼 새로운 사람에게 자리를 만들어주는 것이 정의다. 능력이 탁월하지 못하면 밤을 새든 주말을 반납하든 죽어라 노력해서 어떻게든 성과를 내야 한다. 가장 열심히 일할 의지가 있는 사람들에게 일자리가 주어져야 하기 때문에 조금이라도 게으름 피우는 사람은 응징당해야 한다.

필요한 노동력의 수는 당연히 '가장 열심히 일하는 사람'을 기준으로 산정되어야 한다. 잉여 인력은 죄악이다. 정규직이란 있을 수 없다. 노조도 있을 수 없다. 이는 모두 공정한 경쟁을 가로막는 장치들이기 때문이다. 해고는 자유로워야 한다.

열심히 일할 의지가 있는데 일자리를 잡지 못한 사람들에게 공정한 기회를 주어야 하기 때문이다. 지금 일하고 있는 이들이 백 퍼센트 열심히 일하고 있다 해도 바깥에 120퍼센트 일할 의지가 있는 이들이 있다면 그들에게 자리를 내주어야 한다. 앞에서 언급한 '시험 근본주의'는 '경쟁 근본주의' 관점에서 보면 뻔뻔한 논리다. 대학입시, 공무원 시험, 대기업 공채시험 한 방으로 정규직이 되어 평생 남들과의 경쟁을 면제받고 지대를 얻으며 무임승차하겠다는 파렴치한 주장이기 때문이다. 경쟁은 계속되어야 한다.

실적 평가야말로 이 사회를 지탱하는 기둥이다. 조금이라도 특혜나 반칙, 연줄이 작용하지 않도록 평가 기준은 극도로 세분화되어야 하고 평가는 1년 365일, 평생 이루어져야 한다. 무임승차자는 단 일분 일초도 조직에 남아 있게 해서는 안 된다. 그 사람이 과거에 얼마나 회사를 위한 공로를 세웠든, 얼마나 오래 봉직했든 지금 이 순간 경쟁자보다 실적을 못 내면 즉시 해고하는 게 맞다.

어떤가. 완벽하게 공정하지 않은가? 어떠한 특혜도 반칙도 기득권도 불로소득도 없다.

… 그런데 이런 사회에 살고 싶은가? 취향은 존중하지만 나는 일단 이런 사회는 사양이다. 물론 극단적인 가정이다. 경쟁에 기반한 공정 논리를 끝까지 밀어붙이면 어떻게 될지에

대한 사고 실험을 해본 것이다. 이상하다. 분명히 공정한 경쟁은 좋은 것인데, 끝까지 밀어붙이니 왠지 숨이 막힌다. 이유가 뭘까?

F. 스콧 피츠제럴드는 그의 자전적 에세이에서 "최고의 지성이란 두 가지 상반된 생각을 동시에 품으면서도 여전히 제대로 작동하는 능력이다"라고 썼다. 물론 쉽지 않은 일이다. 한 가지 기준으로 일관하는 것이 명쾌하다. 하지만 인간 세상의 일들은 상반된 요소가 동시에 작용하는 경우가 많으니 차근차근 종합적으로 생각해보는 습관이 필요하다. 헌법을 근거로 생각해보자. 공정성은 평등 원칙에 기반을 두고 있다고 볼 수 있다. 그런데 평등 원칙의 근거는 무엇일까? 평등은 그 자체가 목적일까?

여러 번 강조했듯이, 헌법이 추구하는 가장 근본적인 핵심 가치는 결국 인간의 존엄성이다. 자유도 평등도 인간의 존엄성을 위한 수단이다. 공정성 역시 마찬가지다. 개개인에게 행복을 추구할 기회를 평등하게 부여함으로써 인간의 존엄성을 보장하기 위해 공정성이 요구되는 것이다. 그런데 공정성을 추구하는 방식이 오히려 인간의 존엄성을 저해한다면 그것은 본말이 전도된 것이다. 무한한 경쟁을 통해 쉴 틈 없이 낙오의 공포 속에 사는 인간은 행복할 수 없다. 공정한 경쟁도 인간의 행복을 위한 수단일 뿐인데 거꾸로 경쟁 자체가 목적이고 인간은 그 수단으로 전락하게 된다. 그것은 노예의 삶이다.

그렇기에 인간다운 삶을 보장하기 위해 경쟁을 일정 수준에서 제한하는 장치들이 발전한 것이다. 헌법이 단결권, 단체교섭권, 단체행동권의 노동3권을 보장하는 것은 그런 점에서 굉장히 중요한 의미를 가진다. 현대 민주국가의 헌법은 18세기, 19세기 초기 자본주의 시대의 무한 자유경쟁을 보장하지 않는다. 초기 자본주의 시대의 사고방식에 따르면 보이지 않는 손인 시장에 의한 가격 결정은 자연법칙과도 같이 정당한 것이었다. 노동의 값인 임금도 상품인 이상 마찬가지다. 상품 제공자들이 담합하여 자기 몸값을 올리고 노동시간을 줄이는 행위는 시장 원칙을 저해하는 불공정한 행위였다. 노동시장의 무한 자유경쟁이 낳는 비참한 결과가 오래도록 계속된 후에야 비로소 노동3권이 보장되었다.

근로기준법이 제정되고 노동시간이 단축되고 최저임금이 보장되고 해고가 제한되는 일련의 발전은 수많은 사람들의 고통과 희생, 투쟁으로 힘겹게 이룩된 것이다. 경쟁은 필요하되, 인간의 존엄성을 보장하기 위해 제한된 범위 내에서 경쟁하도록 사회가 발전해왔다. 해고의 제한은 특히 의미가 크다. 일정한 경쟁을 통해 일단 일자리를 갖게 되면 안정적으로 일할 수 있도록 숨을 돌릴 여유를 보장하는 것이다. 이러한 과정을 통해 '정규직'이라고 불리는 노동자의 권리들이 형성되었다.

인간사회는 그렇게 발전해왔다. 자기 개인 시간을 아예 소유할 수 없었던 노예제에서 시작해 노동시간은 계속 감소했고 휴일은 증가했다. 주5일제에서 주4일제에 이어 언젠가는 하루 걸러 일하게 될지도 모른다. 세 명이면 충분한 부서에서 다섯 명씩 일하는 것은 무임승차자 두 명을 낳는 불합리라고 생각할 수도 있지만 반대로 다섯 명이 일하면 더 여유롭고 인간답게 살 수 있으므로 발전이라고 볼 수도 있다.

공공 부문에서 끊임없이 일자리를 창출하는 것도, 기업의 고용 확대를 유도하는 것도 보다 많은 사람들을 어떻게든 품고 가기 위한 노력이다. 물론 사회의 경제력 수준이 감당하지 못할 정도가 되어서는 안 되겠지만, 가능한 범위에서는 계속해서 일자리 확대와 노동시간 단축을 추구할 필요가 있다. 그것이 생산력 발전의 과실을 구성원 전체에게 분배하는 길이고, 인간의 존엄성을 더욱 고양시키는 길이기 때문이다.

어떠한 시스템이 구축되면 반사적인 이익을 얻는 사람들도 생긴다. 그 시스템에 안주하는 사람들도 생긴다. 피할 수 없는 일이다. 부작용도 생긴다. 그렇다고 그 부작용을 없애기 위해 시스템 자체를 해체하려는 발상은 더 큰 위험을 낳는다. 정규직과 비정규직의 차별 문제가 심각하다고 정규직을 기득권으로 몰아붙이며 없애야 한다는 극단적인 주장, 노조가 기득권화되어 신규 취업을 가로막는다며 노조를 무력화해야 한다는 주장, 조직 내 무임승차자를 없애기 위해 근무성적평가를 대폭 강화하고 해고를 자유롭게 해야 한다는 주장 등이 그렇다. 진짜 강자는 극소수이고 눈에 잘 띄지 않는 저 구름 위에 있기에 눈에 잘 띄는 대상부터 먼저 공격하기 쉽다.

저성장 사회로 접어들면서 기회의 문이 좁아지고 경쟁은 가혹해진다. 그러다보면 그 어떤 작은 기득권조차 용납할 수 없다는 강퍅한 주장이 득세하게 된다. 하지만 더 멀리 보면 인공지능의 발전으로 인류 대부분이 잉여 인력으로 전락할지도 모르는 시대가 닥쳐오고 있다. 무한경쟁을 통한 공정한 지옥이 우리가 지향할 방향일까, 아니면 보다 많은 이들에게 더 적게 일하면서 행복을 추구하는 인간으로서의 기본권을 보장하는 사회가 나은 방향일까. 지금 당장의 불공정을 시정하는 것도 중요하지만 그렇다고 자칫 무한경쟁만이 정의라고 착각하는 것은 곤란하다. 누구 좋으라고. 노력, 능력, 경쟁, 공정, 모두 중요한 가치다. 하지만 사회를 유지하기 위해서는 어느 한 가지 가치만 추구할 수 없다. 공정 역시 결국에는 공존을 위한 수단 중의 하나인 것이다.

# 언더도그마와
## 약자 혐오

평등에는 형식적 평등과 실질적 평등이 있다. 학교에서
도 배웠을 것이다. 형식적 평등은 개개인이 처한 구체적 상황
(경제적 상황, 사회적 지위, 교육 등)에 관계없이 법적으로 기회의
균등을 보장하는 것이다. 실질적 평등은 현실적으로 존재하는
사회적·경제적 차이를 인정하고, 이에 따라 국민이 실질적으
로 균등한 조건을 갖출 수 있도록 사회적 격차를 조정하고 완
화하는 적극적 조치를 요구한다.

실질적 평등의 개념에 대해서는 널리 알려져 있지만, 폭넓
은 지지를 받고 있는지는 회의적이다. 지지는커녕 강력한 반
감이 사회 곳곳에서 발견되고 있다. 역차별이다, 감성팔이다,
떼법을 정당화한다, 공산주의식 발상이다…… 법학의 영역에

서는 상식에 속하는 개념이 우리 사회에서는 왜 이렇게 광범위한 공격을 받는 것일까.

공산주의식 발상이라는 주장을 하는 사람들은 보통 이렇게 말한다. 자유민주주의 국가에서 평등이란 기회의 균등일 뿐인데 실질적 평등을 주장하는 사람들은 결과의 평등까지를 보장하려고 한다. 이는 더 능력 있고 더 노력하는 사람들의 성과를 빼앗아 그렇지 않은 자들에게 똑같이 나누어주려는 공산주의에서나 가능한 발상이다.

이런 주장을 접할 때마다 쓴웃음을 짓게 된다. 왜냐면 실질적 평등이란 오히려 공산주의 혁명으로부터 자본주의 체제를 방어하기 위해 헌법 체계에 들여온 개념이기 때문이다. 평등이란 기회의 균등만을 의미한다는 생각은 19세기 유럽의 초기 자본주의 시대를 지배하던 생각이었다.

당시 '시민적 법치국가'의 유일한 관심사는 국가로부터 시민사회의 자유 영역을 확보하는 것뿐이었다. 국가는 일종의 필요악으로 받아들여졌다. 국가는 국방과 외교 등 최소한의 역할만 하면 족하고, 시민들의 자유를 최대한 보장하면 더 능력 있고 더 노력하는 이는 더 큰 보상을 받고 그렇지 못한 이는 덜 보상을 받게 되어 사회적으로 가장 효율적인 분배가 이루어진다는 사고방식이다.

하지만 자유방임주의자들이 꿈꾸었던 '보이지 않는 손'에 의한 예정조화적인 사회의 자동조절은 현실에서는 나타나지 않았다. 오히려 빈부격차가 극도로 심화되어 사회가 불안해지고 독과점의 발생으로 수요 공급을 통한 시장 기능이 마비되기에 이르렀다. 이러한 시대적 배경하에서 19세기 말부터 20세기 초에 걸쳐 사회주의 사상이 퍼져나가고 공산주의 혁명이 일어나기에 이르자, 유럽 국가들은 혁명에 의한 체제의 파괴를 막기 위해 사회적 정의의 이념을 헌법 안으로 수용하기 시작했다. 선거권을 확대하고 노동3권을 보장하며 복지 정책을 확대하는 등 일련의 변화들을 통해 '사회국가 원리'가 현대 민주주의 국가 헌법의 기본 원리 중 하나로 자리잡기에 이른 것이다. 우리나라 헌법재판소는 사회국가 원리를 이렇게 설명하고 있다.

> 사회국가란 한마디로, 사회정의의 이념을 헌법에 수용한 국가, 사회현상에 대하여 방관적인 국가가 아니라 경제·사회·문화의 모든 영역에서 정의로운 사회질서의 형성을 위하여 사회현상에 관여하고 간섭하고 분배하고 조정하는 국가이며, 궁극적으로는 국민 각자가 실제로 자유를 행사할 수 있는 그 실질적 조건을 마련해줄 의무가 있는 국가이다.*

실질적 평등은 민주주의 원리, 법치국가 원리와 함께 우리나라 헌법의 근본 원리를 이루고 있는 사회국가 원리의 중요한 내용에 해당한다. 여기에 대해서 공산주의적 발상 운운하는 것은 시대착오적인 레드 콤플렉스라고 볼 수밖에 없다.

실질적 평등은 '결과의 평등'을 추구하기 때문에 공산주의식 발상이라는 주장이 간과하는 것이 있다. 결과를 기계적으로 똑같이 배분하는 것과 자유경쟁으로 발생한 결과의 극심한 격차를 '일부 보정'하는 것은 완전히 다르다는 점이다. 실질적 평등을 구현하기 위해서는 자유경쟁에 대한 일부 개입이 요구되는 것이 사실이지만, 그렇다고 경쟁의 결과가 기계적으로 똑같이 되도록 강제하는 것은 전혀 아니다.

미국 대학입시에서 흑인 학생에게 가산점을 주는 등의 '적극적 차별 시정 조치'를 시행한 지는 오래되었지만, 그렇다고 현재 미국 주요 대학의 인종 비율이 역전된 것도 아니고, 인종별 인구 비례에 기계적으로 일치하게 된 것도 아니다. 사회복지 혜택을 받아서 부자가 되었다는 사람을 본 적이 있는가? 그저 최소한의 생활을 할 수 있게 해줄 뿐이다. 심지어 공산주의 국가에서도 '결과의 평등'은 실현된 적이 없다.

결국 실질적 평등이 '똑같은 결과를 강제한다'고 반발하

---

\* 헌재 2002. 12. 18. 2002헌마52 결정.

는 이들은 '똑같은' 때문에 반발하는 것이 아니다. 그것은 자기 주장을 강화하기 위한 과장법일 것이다. 이들의 내심은 '결과에 영향을 미치는' 일체에 대해 불공정하다고 반발하는 것이다. 하지만, 앞에서 설명했듯이 사회국가 원리와 실질적 평등은 자유방임으로 인한 극심한 빈부격차를 시정하기 위해 역사적으로 등장했다. 결과에 어느 정도 영향을 미칠 수밖에 없다. 영향을 미치는 정도가 과도한지 여부는 논쟁하고 검증해야 하는 부분이지만, 결과에 영향을 미치는 조치 일체를 부정한다면 자유방임주의 시대로 돌아가자는 얘기다. 사회국가 원리에 반하는 반헌법적인 주장이다.

공산주의식 발상이라는 반발이 주로 고연령층에서 나온다면, 젊은층에서 나오는 반발은 보다 문화적인 영역에서 발견되곤 한다. 정치적 공정성political correctness에 대한 피로증을 호소하는 반응의 하나라고 볼 수도 있는데, 대표적인 것이 이른바 '언더도그마underdogma'에 대한 반발감이다.

'언더도그마'라는 용어 자체가 반발감에 기초하여 만들어진 신조어다. 미국의 극우 세력인 티파티 논객 마이클 프렐이 2011년 저서 『언더도그마』에서 처음 사용한 이 말은 약자를 의미하는 언더도그underdog와 독단적 신념을 뜻하는 도그마dogma의 합성어다. '약자는 무조건 선하고 강자는 무조건 악하다고 인식하는 사회적 현상 또는 오류'를 뜻한다고 한다.

주로 영화나 드라마, 소설 등에서 부자나 강자가 주로 악역으로 등장하고 서민, 약자는 선량한 피해자로 등장하는 것에 대해 비현실적인 '언더도그마'라며 반발한다. 이런 입장의 사람들은 범죄 통계 등을 근거로 들며 실제 범죄자의 대부분은 빈곤 계층인데 재벌이나 권력자를 주로 악역으로 그리는 것은 현실과 다르지 않느냐고 주장한다. 이러한 반발 정서의 확산은 단순히 문화 콘텐츠에 대한 불만에 그치지 않고 사회적 약자에 대한 배려 일반에 대한 반감으로 나아가는 경우가 많기 때문에 사회적으로 중요한 현상이다.

실제 범죄자의 다수가 빈곤 계층에 속하는 것은 맞다. 그것은 우선, 빈곤 계층의 수가 부유층의 수보다 많기 때문이다. 범죄자 역시 더 많은 인구 집단에서 배출될 수밖에. 물론 이를 감안하여 인구 비례로 따져보아도 빈곤 계층의 범죄율이 높은 것은 부인할 수 없다.

그런데 왜 창작자들은 부자나 강자를 자꾸 악역으로 등장시키는 걸까? 몇 가지 이유를 생각해볼 수 있다. 강자와 약자는 범죄의 규모조차 격차가 크다. 지하철 소매치기와 수천억대 횡령, 배임 범죄를 생각해보라. 술 먹고 싸우다가 사람을 칼로 찌르는 것만 살인이 아니다. 가습기 살균제 때문에 수십 명의 영유아가 목숨을 잃는 것은 더 끔찍한 살인이다. 강한 힘에는 강한 책임이 따른다는 말처럼, 강자의 범죄는 사회에 미치는 해악이 더 크기에 더욱 경계할 필요가 있는 것이다. 드라마나 영화에서 재벌이 사이코패스 살인마나 강간범으로 등장하는 것은 실제로 재벌 중에 그런 특수한 강력범죄자의 비율이 높아서가 아니다. 재벌들이 자칫 사회에 심각한 해악을 미칠 수도 있는 강력한 힘을 가지고 있다는 점에 대한 은유로 보아야 한다. 상업적인 이유도 있을 것이다. 적나라한 범죄를 사실적으로 그리더라도 사람들은 마음 불편하고 어두운 그림보다는 명품 슈트를 입고 스포츠카를 모는 악역을 선호한다.

이른바 '언더도그마'에 대한 반발은 쉽게 약자 혐오로 이어지곤 한다. '알바 경험'이 강력한 근거로 등장하곤 한다. 커피숍 알바를 하든 배달 알바를 하든 부자 동네 사람들은 젠틀하고 매너가 좋은데 가난한 동네에는 진상도 많고 막말하는 사람도 많더라. 이런 경험담 밑에는 맞아, 맞아 하는 댓글이 주르륵 달리곤 한다.

이런 이야기를 볼 때마다 떠오르는 기억이 있다. 어느 봄 주말, 연이틀 결혼식에 간 일이 있다. 첫날은 최고급 호텔에서 열린 결혼식이었다. 하객들은 널찍하고 쾌적한 공간에서 우아한 덕담을 나누었다. 다음날은 서울 외곽의 한 도시 변두리 예식장에서 열린 결혼식이었다. 좁은 로비에서부터 꽉 들어찬 사람들로 정신이 없는데, 엘리베이터 두 대 중 한 대는 고장이었다. 같은 시간대에 열리는 예식이 네 건이었고, 시간에 늦은 하객들은 엘리베이터에 타려고 서로 밀치다가 포기하고 6층까지 계단으로 걸어올라가기 시작했다. 에어컨도 고장인지 모처럼 곱게 한복을 차려입은 아주머니들은 연신 땀을 훔쳤다. 만원 전철 같은 상황이라 어깨만 부딪혀도 험한 소리가 오가곤 했다. 나는 상상했다. 전날 만났던 그 우아한 하객분들이 지금 이 상황에서도 우아할 수 있을까에 대해. 영화 〈기생충〉에서 가정부(장혜진)가 성격도 좋은 부자(조여정)를 보고 와서는 하는 대사가 있다. "돈이 다리미라구. 돈이 주름살을 쫘악 펴줘."

마치 대단한 인간사회의 진실을 폭로하는 양 "빈곤 계층에 범죄자도 진상도 막말하는 사람도 많은 것이 '팩트' 아니냐"며 의기양양하게 주장하는 이들을 보면 되묻고 싶어진다. 만약 그 주장이 사실이라면, 그래서 어쩌자는 거냐고. 겉으로 드러난 일부 현상만을 보고 쉽게 약자 혐오에 빠지는 것은 위험하다. 그러지 않아도 갈수록 양극화가 극심해지고 빈부격차가 고착화되는 사회에서 문화적으로까지 낙인을 찍는 행위이기 때문이다. 그보다는 먼저 왜 그런 현상들이 나타나는지를 묻고, 그래서 어떻게 해야 할까를 고민해야 하지 않을까. 타인을 비난하려면 먼저 동일한 조건을 부여해야 한다.

헌법에 있는 평등에 관한 조항이 무엇인지 물으면 거의 대부분 "모든 국민은 법 앞에 평등하다"고 대답한다. 정말 그것만으로 충분할까? '법 앞에' 평등하기만 하면?

우리는 거기에 머물지 말고 "모든 국민은 인간다운 생활을 할 권리를 가진다"에서 평등을 찾아낼 수 있어야 한다. '모든 국민'이다. 모두가 인간다운 생활을 할 수 있어야 비로소 그 사회는 평등하다고 부를 수 있다. 모두에게 똑같은 분배를 하자는 것도 아니고, 모두를 부자로 만들어야 한다는 것도 아니다. 최소한 '인간다운 생활'을 할 수 있어야 한다는 것이다. 이를 위해서는 '법 앞의 평등'만으로는 부족하다. '법에 의한 평등'이 필요하다.

그래서 대한민국 헌법은 이렇게 규정하고 있는 것이다.


헌법 제34조

①모든 국민은 인간다운 생활을 할 권리를 가진다.

②국가는 사회보장·사회복지의 증진에 노력할 의무를 진다.

③국가는 여자의 복지와 권익의 향상을 위하여 노력하여야 한다.

④국가는 노인과 청소년의 복지 향상을 위한 정책을 실시할 의무를 진다.

⑤신체장애자 및 질병·노령 기타의 사유로 생활능력이 없는 국민은 법률이 정하는 바에 의하여 국가의 보호를

받는다.

⑥ 국가는 재해를 예방하고 그 위험으로부터 국민을 보
호하기 위하여 노력하여야 한다.

# 인공지능
## 시대의 평등

헌법적 가치 중에도 시대 변화에 따라 더욱 중요하게 부각되는 것들이 있다. 헌법 역시 역사의 산물이기 때문이다. 근대적 헌법이 탄생한 시민혁명기에는 '자유'가 중심이었다. 봉건 시대의 신분제 속박에서 벗어나려는 욕구가 민주주의를 탄생시켰다. 산업혁명 이후 초기 자본주의 시대에 발생한 극심한 빈부격차는 '평등'의 중요성을 일깨웠다. 두 차례의 세계대전과 홀로코스트의 비극은 '인간의 존엄성'을 강조하게 만들었다. 그렇다면 지금 우리 시대에 그 중요성이 가장 부각될 헌법적 가치는 무엇일까?

'평등'이다. 인공지능을 중심으로 한 과학기술 발전이 인간 사이의 불평등을 인류 역사상 본 적 없는 수준으로 만들어낼 가능성이 높기 때문이다. 초기 자본주의 시대에는 노동자에 대한 불평등한 분배가 문제였다면, 인공지능 시대에는 인간의 노동력 자체가 필요 없어지는 사태가 가장 심각한 문제다. 아래 대화 중 누가 인간이고 누가 인공지능일까?

A: 가볍게 생각해보아요. 누가 이 지구를 만들었을까요?

B: 시간인가요?

A: 아닙니다.

B: 그럼 누구죠?

A: 외계 생물체?

B: 아니요.

A: 신?

B: 신은 누구인가요?

A: 이 지구를 만든 지성이지요.

B: 신은 존재하나요?

A: 그럼요.

B: 신을 본 적 있습니까?

A: 없어요.

B: 신이 존재한다는 걸 어떻게 확신하죠?

A: 그게 최선이니까요. 여전히 확신합니다.

A는 테슬라 CEO 일론 머스크가 설립한 AI 연구기관 오픈에이아이OpenAI가 개발한 인공지능 GPT-3이고, B는 독일의 인공지능 전문 작가 블라디미르 알렉시브다. GPT-3는 스스로 코딩을 익혀 앱을 개발하기도 하고, 시를 쓰기도 한다. 원하는 걸 이야기해주면 바로 이에 맞는 프로그램을 코딩해주기도 한다. GPT-3에게 충분한 양의 한글 데이터를 학습시킨 후 "헌법에 대해 알기 쉽게 설명하는 글을 써줘"라고 말하면 내가 지금 쓰고 있는 이 글과 비슷한 내용을 쓸 수 있을 것이다. 차이가 있다면 내가 종종 뜬금없이 던지는 농담 정도일 텐데, 내가 그동안 쓴 글들을 학습시키면 금세 비슷한 패턴의 아재 개그를 던질 것이 틀림없다(아재 개그 무한정 생산이 가능한 AI라니 아재인 나도 소름 끼친다).

인공지능 기술의 발전은 실로 놀라운 속도여서 의사, 변호사는 물론 판사도 기술적으로는 얼마든지 대체 가능하다고 본다. 인공지능이 어느 직업까지 대체할 수 있는지는 테크놀로지의 문제라기보다 가치관의 문제, 정치의 문제다. 인공지능 판사에게 사형까지 가능한 형벌 권한을 줄 것인가? 자율주행 자동차가 긴급 상황에서 운전자를 희생시킬지 보행자를 희생시킬지 매뉴얼에 따라 결정할 수 있게 할 것인가? 기술적으로는 가능하나 사회가 수용할 수 있느냐의 문제다.

테크놀로지의 발전은 인간의 노동력이 필요 없는 미래로

향해 가고 있다. 로봇공학과 인공지능이 결합하면 '월급 루팡'도 파업도 회사 뒷담화도 없이 24시간 365일 가동 가능한 공장들을 얼마든지 돌릴 수 있다. 인공지능 플랫폼과 로봇을 소유한 극소수와 그렇지 않은 프레카리아트 사이의 불평등은 상상을 초월하는 수준에 이를 수밖에 없다. 프레카리아트란 이탈리아어 '불안정하다precario'와 노동자를 뜻하는 독일어 '프롤레타리아트proletariat'의 합성어로 양극화된 사회에서 비정규직·아르바이트 형태의 불안정 노동에 종사하면서 저임금으로 근근이 살아가는 계층을 말한다.

프레카리아트가 전통적인 노동자 계층과 다른 점은 분산되어 있다는 점이다. 전통적인 노동자 계층은 비록 경제적으로 약자의 지위에 있다 하더라도 작업장별 산업별로 노동조합을 결성, 헌법상의 단결권·단체교섭권·단체행동권을 무기로 사용자와 힘의 균형을 맞춰갈 수 있다. 그러나 한 작업장에 모인 다수 노동자가 필요 없는 인공지능 시대의 노동은 정치적 협상력을 갖추기 어려운 모래알이다. 플랫폼 기업들은 전통적인 노사관계를 기피하고 플랫폼과 이를 이용하는 개인사업자의 관계로 조직을 구성하기를 선호한다. 헌법상의 평등을 지탱하는 강력한 무기가 노동3권을 지렛대로 한 협상력인데 그것이 무너지는 것이다.

정치적 협상력을 상실한 노동자의 임금은 하락할 수밖에

없고, 직업 안정성이 없는 '알바 인생'이 주류를 이루게 되면 연대의식이 사라진 각자도생 경향은 심화된다. 이렇게 되면 사회 구조를 변화시킬 동력조차 사라지고 만다. 역설적인 점은, 이러한 디스토피아를 만드는 것도 자본주의이지만 그것을 막아야 하는 이유도 자본주의에 있다는 점이다. 노동자는 곧 소비자이기도 하기 때문이다. 물건을 생산해도 소비해줄 사람들이 없으면 경제는 붕괴한다. 다수 계층의 구매력이 대폭 감소한 상태에서 테크놀로지로 인한 생산력만 폭증하면 공급 과잉으로 인한 공황이 발생할 수밖에 없다.

사람들은 미지의 문제에 부딪히면 우선 과거의 경험들에서 실마리를 얻기 시작한다. 요즘 유력한 대안으로 활발히 논의되고 있는 기본소득제도도 그 기원을 거슬러올라가면 2000년 전인 로마제국 시대에 이른다. 정복전쟁으로 노예가 대폭 증가하자 평범한 로마 시민들은 값싼 노예 노동력에 밀려 일자리를 잃게 된다. 사회 불안이 고조되자 로마는 시민들에게 매달 30킬로그램의 밀을 주고 공공 서비스를 무상 제공했다.

과거의 경험에서 헌법적 상상력을 얻는 것이 필요한 시대다. 기본소득을 정당화할 수 있는 근거를 다른 법제도에서 착안할 수도 있다. 예를 들어 민법상의 유류분遺留分제도다. 유언 공증만 해놓으면 유산을 제일 이쁜 자식 한 명에게 몰아주고 나머지 자식들에게는 한푼도 물려주지 않을 수 있을까? 그렇게는 안 된다. 최소한 법정상속분의 절반까지는 모든 자식이 받을 수 있도록 법이 보장하고 있기 때문이다. 이것이 유류분이다. 실제로 법원에는 유류분을 침해당했다며 반환을 청구하는 형제자매 간 소송이 많다.

유류분의 기원 역시 로마법에 있다. 로마는 포에니전쟁 승리 후 세계를 무대로 교역하는 상업국가로 변모했고, 이에 따라 거래 및 재산 처분에 있어 개인의 자유를 보장하는 쪽으로 발전했다. 문제는 부작용이다. 공화정 말기에는 유언 자유의 원칙이 남용돼 상속을 받지 못하는 배우자와 자녀들이 길거리를 전전하는 문제까지 생겨났다. 이렇게 되자 로마인들은 법정상속분을 반드시 나눠주도록 하는 유류분제도를 만들어낸 것이다.

인류의 일원으로 태어났다는 것만으로도 모든 인간에게 인류 문명의 성과에 대해 최소한의 유류분은 보장돼야 한다는 주장, 로마제국의 시민권을 참조하여 인공지능 안드로이드보다 인간의 시민권을 우선적으로 보장해야 한다는 주장이 미래의 인권선언이자 헌법이 될 수도 있다. 과학기술의 위력이 압도적일수록 인문학적 상상력이 어쩌면 인류의 마지막 생명줄일지도 모르는 것이다. 인류 오랜 역사의 산물인 법에 대해 공부할 필요성도 더욱더 커질 수밖에 없다.

사회경제적 불평등은 최소 수혜자에게도 이득이 될 경우

여야 정당화될 수 있다는 존 롤스의 『정의론』이야말로 인공
지능 시대에 꼭 필요한 원칙이 될 수 있다. 빌 게이츠가 도입
을 주장한 '로봇세'도 롤스의 『정의론』에 부합하는 제도다. 로
봇과 인공지능으로 인해 노동자들이 일자리를 잃게 되므로 노
동자를 대체한 로봇에게도 노동자들과 비슷한 수준의 과세를
해야 한다는 것이다. 이는 결국 로봇을 소유한 기업에 대해 과
세해 기본소득의 재원으로 사용하자는 주장이다. 인간 노동을
대체하는 기술혁신은 그로 인하여 일자리를 잃는 최소 수혜자
에게도 이득이 되어야 한다는 발상이다.

　인공지능 시대의 글로벌 기업들에게도 인간은 계속 필요
하다. 상품을 소비해줄 사람들이기 때문이기도 하고, 삶 전체
에서 끊임없이 빅 데이터를 제공해주는 존재이기 때문이기
도 하다. 빅 데이터를 통한 강화 학습이 필요한 인공지능에게
는 인간이 생산하는 데이터가 곧 철광석이고 석유다. 산업의
쌀이다. 여기서 사회적 대타협의 여지가 생긴다. 로봇세나 기
본소득을 제안하고 지지하는 사람들이 빌 게이츠, 마크 저커
버그, 일론 머스크 등 글로벌 IT 기업가들인 데는 이유가 있는
것이다.

　기존의 일자리를 파괴하는 혁신 기업가들에게 그로 인한
실업자들을 위해 새 시대에 필요한 직업훈련을 제공하도록 하
는 패키지 딜을 의무화할 수도 있다. 늘어나는 복지 서비스 수

요에 대응할 정부 부문의 비대화와 비효율성을 막기 위해 가장 창의적인 집단인 혁신 기업가들에게 복지 서비스를 효율적으로 제공하는 사회적기업을 주 기업과 함께 운영하도록 권장하고, 대신 그만큼 세금 혜택을 주는 방법도 있다. 수동적으로 세금을 내는 게 아니라 복지 서비스 분야에서도 특유의 창의성을 발휘하여 혁신적인 플랫폼을 만들어내도록 하는 것이다. 자유와 창의를 사회 발전의 원동력으로 하되 평등이 이를 제어하도록 하는 헌법질서의 근본과도 부합하는 접근법이다.

문제는 기본소득도 보편적 복지도 필요조건이지 충분조건은 아니라는 점이다. 기본소득은 말 그대로 '기본' 소득일 뿐이다. 최소한의 의식주를 해결하면서 변화하는 시대에 맞는 일자리를 찾을 수 있도록 버틸 힘을 제공하는 수준의 금액이다. 이것만으로 일 안 하고 놀며 살 수 있게 되는 것은 아니다. 전 국민을 위한 일종의 실업수당이랄까. 일을 찾지 못하면 최저 수준의 생활에서 헤어나기 힘들다. 게다가 인간에게는 자아실현의 욕구가 있다. 일을 통한 성취감과 보람, 사회적 인정 없이 자존감을 유지하며 살 수 있을까.

인공지능 시대에도 새로운 일자리는 계속 생겨날 거라고들 한다. 인공지능이나 로봇을 설계하고 관리하는 일, 인공지능 및 로봇과 협업하여 업무를 처리하는 보조 직종들, 문학·영화·음악 등 예술 분야에서 창의성을 발휘하는 예술가들 등

등. 이렇게 낙관적인 이야기를 하는 이들은 정직하지 못하다. 이들이 예시하는 일자리들은 창의적인 소수를 위한 일들이다. 그런 재능을 가진 사람들은 지금보다 더 큰 기회를 가질 수 있다. 하지만 평범하고 성실한 다수의 사람들은? 유튜버로 성공하는 크리에이터들은 여기에 도전하는 수많은 이들 중 일 퍼센트에도 미치지 못한다. 전 지구가 하나의 플랫폼으로 연결된 시대에는 동네 일등이 아니라 세계 일등만이 주목을 독차지한다. 그런 행운을 타고나지 못한 다수의 평범한 사람들은 자신의 가치를 무엇에서 찾아야 하는 걸까?

그 해답은 급변하는 미래에도 오래전 과거에 머물러 있으면서도 모든 인간이 공유하는 것에서 찾을 수 있지 않을까? 바로 우리의 뇌다. 수백만 년의 진화를 거친 인간의 뇌는 아직도 기본적으로는 동굴에서 무리 생활을 하던 원시인의 뇌에 가깝다. 문명 시대가 전체 진화 기간에 비해 극히 짧기 때문이다. 원시 시대 인간들에게 생존과 번식을 위해 가장 필요한 자원은 바로 동료 인간들이었다. 무리에서 고립되면 생존이 불가능했기 때문이다. 인간은 동료 인간들과의 관계에서, 인간적 접촉에서 행복감을 느끼도록 진화했다. 아무리 로봇과 인공지능이 발전해도 엄마를, 친구를 대체할 수 있을까? 어쩌면 우리가 해야 할 일은 지금까지 세상에 없었던 대단한 직업을 만들어내기보다 가장 오래되었고 가장 중요하지만 가장 제대로 평가받지 못했던 일들의 가치를 재발견하는 것일지 모른다. 예를 들자면 돌봄노동이다.

미국 대선 후보로 나서서 미래에 대한 의미 있는 제안으로 반향을 일으켰던 앤드루 양은 출마 당시 이렇게 말했다.

> 우리의 '노동Work'에 대한 개념을 훨씬 더 넓힐 필요가 있습니다. 누군가 두 어린아이를 돌보고 있다고 가정해 봅시다. 그 누군가가 아이들의 엄마라면 그 일의 시장가치는 0으로 평가받고 직업이라고 부르지 않습니다. 하지만 그녀가 다른 누군가의 아이를 돌보기 위해 고용되었다면 그것은 직업이 될 것입니다. 현재 우리의 '노동'이라는 개념은 시장을 기본으로 삼고 있습니다. 당신은 일자리를 통해 보상을 받지만 일자리가 아니면 보상을 받을 수가 없습니다. 여기서 문제는 시장이 인간 노동력을 점점 더 가치 없게 여기게 된다는 것입니다. 도움을 제공하는 행동에 의미를 부여하고 강화시킬 방법들이 필요합니다. 예를 들어 '사회적 통화Social Currency'를 만든다면, 이는 우리가 노인을 돌보고, 어린이를 양육하고, 지역사회에서 자원봉사를 하고, 환경을 개선하는 일들을 장려하는 사회적 행동으로 이어지게 할 수 있습니다. 이 아이디어는 수년 동안 미국 내의 수백 개 공동체에서 효력을 발휘해온

'타임뱅킹time banking'에 기반을 두고 있습니다.*

　타임뱅킹이란 사람들이 자기 시간을 들여 여러 봉사활동을 하며 공동체 내에서 신용 포인트를 쌓은 뒤 그 포인트, 즉 시간을 교환하는 제도로, 빈곤퇴치 운동가로 활동하던 에드거 칸 교수가 시작하여 현재 미국 여러 지역에서 활발하게 운영되고 있다. 처지가 어려운 싱글맘이 지역 타임뱅크에 요청을 올리면 솜씨 좋은 누군가가 찾아와 벽에 난 구멍을 막아주고 부엌을 수리해준다. 수리해준 사람에게는 해당 시간만큼의 포인트가 적립되어 다른 사람의 도움이 필요할 때 사용할 수 있다. 싱글맘은 짬이 날 때 아이를 봐주거나 요리를 해주고 아이들은 마을 가든파티에서 악기를 연주해서 포인트를 적립한다.

　앤드루 양은 이를 더욱 확장하여 실제 금전적 가치까지 얻을 수 있는, 중앙정부가 후원하는 강화된 타임뱅킹 제도를 제안하고 있다. 디지털 사회신용Digital Social Credits, DSC이라는 새로운 통화를 만들자는 것이다. 타인을 돌보고 돕는 일, 환경을 개선하는 일 등 사회적으로 가치 있는 일을 할 때마다 정해진 DSC를 획득할 수 있도록 플랫폼을 구축하고, 이 포인트는

---

* 프레시안 2019년 7월 10일자.「모두의 1시간이 평등한 '타임뱅크'를 아십니까?」.

현금처럼 사용할 수 있게 한다는 것이다.* 부동산 부자는 욕을 먹지만 DSC 부자는 존경의 대상이 될 수 있다. 사람들의 자기 실현 욕구, 인정 욕구를 사회적 가치가 있는 일로 유도하는 넛지 효과가 생겨날 수 있다.

고령화 사회에서 돌봄노동의 수요는 계속 증가할 수밖에 없다. 저출산 사회에서 아이를 돌보고 좋은 시민으로 교육하는 일의 가치 역시 계속 높아질 수밖에 없다. 과학기술 발전이 낳는 급속한 사회 변화, 도시화, 실업은 고독과 우울, 소외감을 증가시키기에 상담 치료, 인간적 접촉, 치유 활동의 필요성도 높아진다. 이런 수요를 지역사회 내에서 자발적인 참여로 충족시키고 참여자들에게 사회적 통화로 보상하는 것은 선의를 가진 보통 사람들에게 소득과 동시에 보람과 사회적 인정을 추구할 기회를 제공하는 일이다.

사람들이 비슷한 꿈을 꾸기 시작하면 미래가 바뀐다. 실은 나도 『개인주의자 선언』에서 비슷한 상상을 했었다. "복지 서비스, 정서적 서비스, 문화 서비스 분야에서 타인의 행복을 창출할 경우 뇌과학적인 방법으로 자동 측정되도록 하여 그것이 새로운 화폐가 되도록 하는 것도 가능하지 않을까. 행복 자체가 가치의 기준이 되는 것이다. 남을 한 번 활짝 웃게 한 선행

---

* 앤드루 양, 『보통 사람들의 전쟁』, 장용원 옮김, 흐름출판, 2019, 149~151쪽 참조.

으로 번 행복 화폐로 하겐다즈 아이스크림 한 통을 구매한다.”
많은 사람들이 같은 고민을 하다보면 비슷한 곳에서 생각들이
모일 수 있고, 그것이 새로운 사회계약의 시작이다.

어찌 보면 만화같이 느껴질 수도 있다. 하지만 지금 벌어
지는 시대의 변화 자체가 SF 만화 같은 상황이지 않은가. 인공
지능이 신을 논하고 부유한 사람들은 나노로봇을 신체에 집어
넣어 노화를 늦추고 영생을 도모하는 꿈을 꾸기 시작했다.

과거의 해법으로는 풀기 어려운 미래사회의 평등은 자유
로운 상상을 통해서만 이룩할 수 있다. 그리고 그 상상력의 토
대는, 다시 한번 인간의 존엄성이어야 한다.

에필로그

# 공존을 위한
# 최소한의 선의

인간의 존엄성에서 시작하여 자유와 평등에 이르는 헌법 이야기를 이제 마칠 때가 되었다. 이 책을 통해 하고 싶은 이야기의 핵심은 개념이나 제도보다도 '사고방식'이다. 헌법의 기본 원리를 만든 사람들의 사고방식, 법을 해석하고 적용하는 사람들이 따라야 하는 사고방식, 판결문을 작성할 때 논리를 전개하는 방식, 다시 말하면 '법학적 사고방식'이자 '법치주의적 사고방식'이다.

칼을 든 정의의 여신상이나 작두로 악인의 목을 썽둥 자르는 포청천의 이미지 때문인지 법이란 옳고 그름을 명쾌하게 가리는 흑백논리로 이루어져 있다고 생각하는 이들이 의외로 많다. 하지만 실제로는 그렇지 않다. 법은 오히려 인간사회 속에서 부딪히는 수많은 가치들의 충돌 사이에서 타협점을 찾는 노력의 산물이다. 자유의 보장과 제한에 관한 수많은 법리들이 발전해온 과정, 형식적 평등에서 실질적 평등으로 발전해온 과정, 자유지상주의에 가까웠던 근대적 헌법이 수정자본주의 시대에 맞는 복지국가 헌법으로 발전해온 과정이 다 그렇다. 법은 종교도 아니고 이데올로기도 아니다. 법은 타협의 기술이다.

유감스럽게도 언제부터인지 타협은 희귀한 일이 되었다. 정치의 장에서도, 사회 공론의 장에서도 모든 것을 선과 악, 아군과 적군, 정의와 불의로 나누는 전쟁의 언어, 혐오의 언어가 가득하다. 이 전쟁에 동원되는 논리는 종교에 가깝다. 예외를 인정하지 않는 각자의 선명한 정의와 정의가 부딪혀 파열음을 낸다. 모두가 각자의 깃발을 들고 도덕적 십자군운동을 벌이는 것 아닌가 싶을 때가 많다. 신중함, 상대주의, 절차적 정당성을 내용으로 하는 '법치주의적 사고방식'이 설 자리는 희귀하다. '중립충'이라는 증오 섞인 화살이나 날아올 뿐이다.

앞에서 설명한 내용 중에 '과잉금지의 원칙'이 있다. 국가가 개인의 자유와 권리를 제한할 때 따라야 할 원칙이다. 여기서 더 나아가 생각해보자. 이 원칙은 과연 국가기관만 명심하면 되는 원칙일까? 사람 사이를 연결하는 네트워크가 극도로 발달한 이른바 '초연결 사회'에서 대중이 여론이라는 이름으로 개인의 자유와 권리를 침해할 가능성은 갈수록 높아지고 있다. 정당한 분노에서 출발한 여론이라 하더라도 소셜 미디어를 통한 끊임없는 분노의 재생산 속에서 자칫 멈추지 못하고 극단적인 증오로까지 이어질 위험이 있다. 정당한 분노라 하더라도 반드시 '끝장'까지 봐야 하는 것일까? 모든 경우에 반드시 표적이 된 상대의 밥줄을 끊고 사회적으로 매장해야 하는 걸까?

정치적 대립은 더 극단적이다. 내가 지지하는 세력은 정의고, 저들은 악마다. 악마와는 공존할 수 없기에 무슨 방법을 동원해서라도 저들을 무력화시키고, 다시는 재기할 수 없도록 밟아버려야 한다. '법치주의'는 단순히 제도가 아니라 사고방식이어야 한다고 말했었다. '과잉금지의 원칙' 역시 다르지 않다. '분노조절장애' 사회가 되지 않으려면 과잉금지가 시민사회의 상식이 되어야 하지 않을까.

과잉금지의 원칙은 결국 끝장을 보려 하지 말고 멈출 줄 알자는 사고방식이다. 끝장을 보는 것만이 정의라고 생각하는 사람들이 많다. 멈추는 것은 비겁한 타협이라는 것이다. 이런 이들을 보면 묻고 싶은 것이 있다. 인간사회에 정말로 '끝장'이라는 게 있다고 생각하는지. 청산하고, 척결하고, 쓸어버리는 것이 무엇을 의미하는지 진지하게 생각해본 적은 있는지.

『수호지』를 보면 주인공 중 한 명인 호걸이 악질적인 부잣

집을 습격하여 일가족을 죽이는데, 갓난아기를 발견하고는 그 아기마저 돌바닥에 패대기쳐 죽이는 장면이 나온다. 지금은 아기이지만 언젠가는 커서 복수심에 불타는 화근이 될 것이라면서. 조선 시대에 누구 하나를 역적으로 몰면 삼족을 멸한 것도 마찬가지다. 그래도 소용없었다. 인간들 사이의 연결은 특정 단계에서 단절되지 않는다. 제자, 친구, 이웃, 은혜를 입은 자, 가혹함에 분노했던 자들에 의해 언젠가는 복수의 불꽃이 타오르곤 했다.

역사에서 진짜 '청산'이라고 할 만한 일은 로마가 카르타고에 행한 복수 정도다. 명장 한니발이 알프스를 넘어 로마를 공격하는 등 카르타고는 여러 번 로마제국을 괴롭혔다. 로마는 기원전 146년 3차 포에니전쟁에서 카르타고에 최종적으로 승리하자 이 숙적을 철저히 말살하기로 작정했다. 모든 성인 남성을 죽이고 부녀자와 노인은 아프리카 오지로 강제 이주시켰다. 도시의 흔적조차 없애려고 성벽, 신전, 민가 등 모든 건물을 부쉈으며 돌덩어리와 흙밖에 남지 않은 땅을 가래로 갈아엎어 고른 다음 소금을 뿌려 풀 한 포기 나지 않게 만들었다. 아예 한 나라를 역사에서 말살해버린 것이다.

정말 이 정도를 원하는 것인가? 할 수 있기는 한가? 그렇지 않다면 함부로 끝장을 입에 담아서는 안 된다. 결국 공존할 수밖에 없고, 공존하려면 일정 정도에서 그치고 타협할 수밖에 없는 것이다. 인간 세상이란 나의 옳음에 동조하는 사람들로만 구성될 수 없다. 가치관도 취향도 몸도 마음도 다른 사람들이, 각자의 관점에서 보면 너도나도 유별나고 비루하고 불온한 사람들이 어쩔 수 없이 부딪히며 공존할 수밖에 없는 생태계인 것이다. 과잉금지의 원칙은 국가권력으로부터 개인의 자유를 지키기 위한 방어적 원칙으로 발전했지만, 시민사회 내부에서도 공존을 위한 지혜로, 성숙한 사고방식으로 자리잡아야 한다고 생각한다.

윤가은 감독의 영화 〈우리들〉에서 주인공 '선'은 다섯 살 남동생 '윤'이 밤낮 친구 연오에게 맞으면서도 또 언제 싸웠냐는 듯 다시 같이 노는 꼴을 보니 열불이 난다. 그래서 채근한다.

선: 야, 이윤, 너 바보야? 그리고 같이 놀면 어떡해?
윤: 그럼 어떡해?
선: 다시 때렸어야지.
윤: 또?
선: 그래, 걔가 다시 때렸다며. 또 때렸어야지.
윤: 음…… 그럼 언제 놀아?
선: 어?
윤: 연오가 때리고 나도 때리고, 연오가 또 때리고, 그럼 언제 놀아? 나 그냥 놀고 싶은데.

천진난만한 다섯 살 아이 윤이의 말이 어쩌면 헌법의 핵심일지도 모르겠다. 헌법은 결국 공존을 위한 최소한의 선의다.

최소한의 선의
ⓒ문유석

1판 1쇄  2021년 12월 13일
1판 9쇄  2024년  6월 14일

지은이 문유석

기획 김소영 | 책임편집 박영신 | 편집 황수진 신기철 임혜지
디자인 최윤미 이주영 | 저작권 박지영 형소진 최은진 서연주 오서영
마케팅 정민호 서지화 한민아 이민경 안남영 왕지경 정경주 김수인 김혜원 김하연 김예진
브랜딩 함유지 함근아 고보미 박민재 김희숙 박다솔 조다현 정승민 배진성
제작 강신은 김동욱 이순호 | 제작처 영신사

펴낸곳 (주)문학동네 | 펴낸이 김소영
출판등록 1993년 10월 22일 제2003-000045호
주소 10881 경기도 파주시 회동길 210
전자우편 editor@munhak.com | 대표전화 031)955-8888 | 팩스 031)955-8855
문의전화 031)955-3579(마케팅), 031)955-1905(편집)
문학동네카페 http://cafe.naver.com/mhdn
인스타그램 @munhakdongne | 트위터 @munhakdongne
북클럽문학동네 http://bookclubmunhak.com

ISBN 978-89-546-8420-0 03300

www.munhak.com